新商务系列之发现规则⑧

复杂性研究视角中的经济系统

陈禹 方美琪 著

商务印书馆
创于1897 The Commercial Press
2015年·北京

图书在版编目(CIP)数据

复杂性研究视角中的经济系统/陈禹，方美琪著. 一
北京:商务印书馆，2015
（新商务系列之发现规则）
ISBN 978-7-100-11339-7

Ⅰ.①复… Ⅱ.①陈… ②方… Ⅲ.①经济系统—系统
分析 Ⅳ.①F224.12

中国版本图书馆 CIP 数据核字(2015)第126051号

复杂性研究视角中的经济系统
陈禹 方美琪 著

商务印书馆出版
（北京王府井大街36号 邮政编码100710）
商务印书馆发行
北京市艺辉印刷有限公司印刷
ISBN 978-7-100-11339-7

2015年6月第1版 开本 787×1092 1/16
2015年6月北京第1次印刷 印张 13 1/2
定价：49.00元

新商务系列丛书

新商务系列丛书总序

姜奇平

商务印书馆历来重视用人类创造的全部知识财富来丰富自己的头脑。其中一个重要取向，是不断用人类新的知识，更新国人旧的头脑。在上一个社会转型时期，通过对工业文明智慧渊源及思想果实的系统引进，为推动中国从农业社会向工业社会转型，提供了有力的智力支持；在下一个社会转型时期，必将通过对信息文明智慧渊源及思想果实的系统挖掘，为推动中国从工业社会向信息社会的转型再次提供智力支持。从这个意义上可以说，新商务，既是商务印书馆的历史，也是商务印书馆的未来。

我们推出这套“新商务”系列丛书的目的，就是继承商务印书馆的启蒙传统，抓住工业文明向信息文明转型的历史机遇，用下一代经济的先进理念，进行新商务启蒙，为迎接互联网带来的新商业文明浪潮，提供值得追随的智慧。

早在20世纪八十年代，托夫勒就预言人类将从单一品种大规模制造，转向小批量多品种的生产方式。以计算机和互联网为代表的先进生产力，有力推动了这一发展方式的转变。这是继农业生产方式转变为工业生产方式之后，人类发展方式又一次深刻的历史转变。从此，人依靠机器生产转变为机器围绕人生产成为可能，个性化制造和规模化协同创新有机结合将成为重要的生产方式。

人类上一次生产方式转变引发的世界范围的经济、社会、文化变化，包括欧美梦幻般的崛起，人们有目共睹；而对这一次意义更为深远的生产方式的转变，包括中国将对人类做出何种贡献，人们没有理由熟视无睹。

“新商务”系列丛书建立在对“下一代经济”核心理念的发现力之上，通过追踪生产方式转变的历史渊源、现实进展以及未来走向，从中发现新的经典，发现新的规则，发现新的方法。为此，丛书开辟“发现经典”、“发现规则”、“发现方法”三个子系列。

“发现经典”系列，主要定位于从世界范围信息革命中发现驱动国家转型的力量。通过系统翻译和重新发现世界知名学者的新经济思想和经典著作，为人们探索下一代经济的元逻辑，提供思考线索。“发现规则”系列，主要定位于从中国信息革命的实践中发现具有普遍意义的游戏规则。通过汇集中国学者对新商务实践的总结，为提炼新商务规则提供进一步研究的基础。“发现方法”系列，定位于指导新商务实践。侧重对国内外新商务概念的归纳、对前沿商业模式及其本地化的阐释，以期推动理论与实践的良性循环与可持续发展。

与工业革命“新商务”思想成果的引进不同，除了具有共同特点外，“新商务”系列丛书具有一些特殊性，一是信息革命正在发生，有待成熟，经典、规则与方法都是相对的，在探索中难免失误，恳请读者以批判态度、宽容心态对待；二是中国与世界同步走上信息高速公路，相对以往，中国学者有了更多产生原创发现的机会和条件，我们将以开放心态力推新人，也希望读者与我们共同前行、共同提高。

春江水暖，先下水者当做先知；继往开来，新商务中敢为人先。让我们共勉。

目　录

第一部分

起因和背景

本书要讨论的内容是经济，讨论的视角是复杂系统。所以在讨论之前，无疑应当对于这两个方面的现状和由来，加以必要的说明。一方面，当今的经济系统情况如何？人们对它已经进行了哪些研究？哪些问题急待研究和回答？另一方面，所谓复杂系统的视角是什么意思？它的理念基础——现代系统科学或者称为复杂性研究，其具体内容是什么？毫无疑问，这两件事情中的任何一个，都是无比巨大、无比复杂的难题，绝不是三言两语，或者一本书所能够解释清楚的。

所以我们必须缩小范围，对经济理论的回顾主要限于古典经济学和新古典经济学，经济议题的讨论局限于近期热点；对于系统科学和复杂性研究的理念的介绍，也仅限于和本书讨论有关的要点。（例如，目前十分热门的复杂网络的内容，本书就涉及较少。这并不是因为它不重要，或者是它不够有趣，而实在是受到篇幅的限制。）这样一来，讨论的起点就必须从现实经济和社会的实际情况谈起。另外，复杂系统的理念在自然科学中已经得到了相当成功的运用，这对于我们的研究不但是有力的鼓励，也是一种隐喻和佐证，所以需要在正式讨论之前做一个简要的介绍。最后，全书的讨论集中在方法论上，所以，对于科学研究方法的若干一般性议题也需要做一点必要的说明。

这样一来，这个导言就已经很长了。它包括了五章。第一章概述经济系统的现实状况，说明讨论的必要性和紧迫性。第二章，列举面对当前的难题，经济学家们给出的各种各样的回答和探索。其目的是表明，大多数人对于现有的主流经济理论是不满意的。（当然，也有一些人认为现有的经济理论已经够了，只是没有执行好。对此我们后面将有所讨论和回答。）同时也为了说明目前人们给出的答案五花八门，莫衷一是，很有必要进行讨论。第三章将针对本书讨论的需要，扼要地说明所谓复杂系统或复杂性研究的基本理念，作为后两部分讨论的基础。第四章引用自然科学的成功经验，支持后面的讨论。最后一章则简要地说明我们对于科学研究的一般方法的基本观点和思路。

第一章 时代的召唤和期待

从20世纪下半叶以来，关于时代的讨论越来越多。从第三次浪潮，到后工业化时代，从知识经济到信息社会，令人目不暇接。在这里我们暂且不去讨论各种概念和名词，而是先梳理一下我们究竟面临着哪些迫切需要解决的问题。

比较一下五十年前的北京和今天的北京，从最表面的街景、服饰，到每天的环境指数预报，处处都可以看到日新月异的变化。人们对于各种各样、各个层面的变化众说纷纭，持有种种不同的观点和意见，很难得到共识。只有一点大概是没有争议的：人类的社会正在发生着巨大的、深刻的变化。

透过这些表面的现象，引起我们更多关注的是深层次的变革，包括社会的、经济的、思想的根本性的变化。举一个最简单的例子。五十年前，我们曾经把“烟囱林立”当作现代化的理想去憧憬、去讴歌。然而，今天的电视新闻中则是作为正面的成绩报道说，北京上个季度又关掉了多少家冒烟的工厂。回顾和研究这样的变化，使我们可以切身感受到社会进步的脉搏、步伐、线索和方向，加深我们对信息时代的理解，进而对于我们的思维方式和行为方式做出必要的调整。作为本书讨论的议题的背景，我们希望能够具有说服力地表明：**这场深刻的、全面的大变革，起因是技术的进步，基础是经济的变革，而这种经济变革迫切需要新的理念和思想方法，也就是说需要对于经济科学的理念和方法进行改造。**目前中国社会各界，从政治家到平民百姓，从买房子到炒股票，对于经济的关注是空前的。借用凤凰电视台一位著名评论员的话来说：“生活在21世纪，你不能不懂经济！”所以可以说对于经济理论进行反思和改造，是人类进步的迫切需要，是信息时代的现实召唤，是社会和公众的殷切期待。

1.1 从中国谈起

现在大家都在谈前三十年和后三十年的比较。的确，要讲变化或变革，中国无疑是最典型的例子。不管在各种问题上持有多么对立的观点的人，都会承认两个三十年之间存在着根本性的区别和变化。如果说在八十年代，理念上的分歧还不十分明显的话，那么今天对于这些区别和变化的看法，已经产生了许多明显的分歧。这些分歧中的大多数，比如高房价问题，收入差别悬殊问题，都是直接和经济相关的。即使一些不那么直接相关的问题，例如环境保护问题、教育和医疗公平问题、腐败问题等等，归根结底也还是要归结为经济利益和由此产生的种种矛盾。经济是基础，在这里表现得再清楚不过。

那么，中国现在的经济形势究竟如何？对于这一点的估计本身就是一个大课题。毫无疑问，与前三十年相比，总体来说，人们的物质生活水平、市场的充裕程度的确有了巨大的提高。GDP 的增速令世界瞩目，中国制造风靡世界，巨大的市场吸引着全世界的资本，中国肯定会在不久的将来成为世界上规模最大的经济体。这确实都是客观的事实。

然而，人们的直觉和传统的评价方法（如 GDP，CPI 等指标）反差巨大。在经济腾飞的同时，经济生活中的差别，或者说不公平，正在变得越来越严重、越来越尖锐，由此引发的社会矛盾和冲突层出不穷。城乡的差别、地区间的差别、行业间的差别、行业内的差别都在不断拉大。房价高到非理性的程度，北京城里房子的绝对价格已经四倍于多伦多。一公斤优质牛肉的价格超过一百元。大批青年人的就业问题已经成为社会必须面对的难题。与计划生育政策相关的老龄化问题越来越突出。如果再考虑到平均的工资水平，考虑到还有上亿的贫困人口，这种状况是任何社会所无法长期承受的。

在一些离开经济比较远的领域，情况更加复杂。法制和道德的议题，已经引起了社会的广泛关注。三十年来，人们的法制观念究竟是在不断加强，还是越来越淡漠？年轻一代的是非标准真的就变得不一样了吗？中国的教育究竟是在前进，还是在倒退？为什么留学大军越来越年轻化？拜金主义、文化低俗是怎么造成的？炫富和仇富的现象为什么都有相当的市场？所有这些，当然是更大范围的社会环境的产物，不可能在这里全面地展开讨论。但是在所有这些问题的背后，无疑都有经济的原因在发挥着重要的、根本性的作用。所谓“一切向钱看”、“一切按钱算”、“有钱能使鬼推磨”、“嫌贫爱富”这些倾向难道不都是以我们的经济生活为基础的吗？我们并不是简单地说这是市场经济的必然结果，更不是由此得出要回到计划经济的结论。但是，即使如有的人说的，这是对于市场经济的曲解和误解，那也需要由经济理论给出必要的解释和纠正，在哪些地方产生了“曲解”和“误解”。如果说现有理论的回答就是“不可避免”四个字，那就需要看看这个理论本身是不是有问题了。

今天公众迫切要求回答的问题是：这些现象究竟是必然的，还是可以避免的？是追求经济发展而必须付出的代价，还是人为的巧取豪夺？是从计划经济转向市场经济进程中的必然过程，还是由于指导理念的失误或偏差造成的？是正确的理念没有执行好，还是指导的理念本身就有问题？遗憾的是，我们现有的经济理论，至今并没有给出令人满意的回答。对此我们将在后面具体地分析。

1.2 其他的转型中国家

从根本上说，中国面临的许多问题，的确是和从计划经济向市场经济转变这个基本情况相联系的。类似地经受着这种转型之痛的，还有俄罗斯和东欧。根据前些年的一些统计资料，这些国家的情况似乎比中国还要糟糕得多。俄罗斯1993年通货膨胀率达到8,414%，即一年中物价上涨了84倍；乌克兰达到10,155%，即一年内上涨101倍。1995年俄罗斯的国内生产总值只达到1990年的50%，乌克兰只达到40%。社会矛盾、民族矛盾呈现出恶化的趋势。近来爆发的乌克兰危机，虽然有着长期的、历史的种种复杂背景，然而不可否认的事实是，这和经济转型是有着密切联系的，至少是经济转型重新勾起了历史的恩怨。

有的经济学家把这些问题归咎于“华盛顿共识”和“休克疗法”，认为是在短期内完全放开价格、快速实行私有化等做法导致了这些问题。

这就又回到了我们在前面提出过的问题。这些问题是转型中的必然，还是市场经济的必然；是暂时的，还是长远的？不同的经济学家有不同的解读，对此我们后面将有所讨论。在这里我们先从“传统经济理论只是不适用于转型中的国家，对于发达国家还是适用的”这一观点谈起。

1.3 美国和欧洲

传统的经济理论（主要是新古典经济学）是否适用于美国和欧洲？对此，我们可以列举一些基本的事实。先看十年前的数据。根据英国学者约翰·米尔斯2003年的书:《一种批判的经济学史》（商务印书馆，2005年；原著出版于2003年），“从1973年到1994年，美国的年均增长率降到了2.5%。”“从1970年到1998年这近三十年中，所有劳动力每小时的实际工资非但没有增长，反而略有下降。”“从1980年到1992年，占美国人口20%的最低收入者的实际收入下降了6%。”“1973年，几乎每一个想要拥有一份工作的西欧人都会拥有一份工作。到1990年中期，欧盟的平均登记失业率已经达到了11%。”（见该书前言。）

时间又过了十年，情况是改善了，还是更糟了？我们看到的事实是，先有美国的次贷危机，然后是欧盟的债务危机，接着美国发生了“占领华尔街”的事件；直到最近的美国债务违约的危机，事情已经闹到了美国政府关门16天！事情再明显不过了。那种认为新古典经济学适用于发达的，或者说成熟的资本主义国家的观点，在如此严峻的现实面前，是完全站不住脚的。

2010年，美国作家托尼·朱特的《沉疴遍地》（新星出版社，2012年；原著出版于2010年）一书详细地列举了更多的相关情况。例如，关于近三十年来发达国家中贫富差距的扩大，他指出:“2005年，美国21.2%的国民收入属于仅为1%的人的收入。比较而言，1968年，通用汽车公司的总裁挣得的工资和福利，相当于一个普通的通用汽车公司雇员的66倍。今天，沃尔玛的总裁的收入是他一个普通雇员工资的900倍。事实上，沃尔玛创始人一家那一年的收入，据估计（900亿美元）相当于美国40%最下层人口（1.2亿人）的总收入。”“1977年到2007年之间，英国创造的新工作，要么是在薪阶的最高端，要么是在薪阶的最低端。”（见该书第4页。）显然，这种情况并不只是转型中国家所特有的。近来，现任美联储主席耶伦也公开对于贫富差距的扩大表示关切和忧虑。

说到这个问题，不能不提到所谓“北欧模式”。第二次世界大战以后的相当长时期内，瑞典、挪威等北欧国家，比较稳定地实行社会民主主义的高税收、高福利的政策，在经济发展和社会平等方面取得了引人注目的成绩，从而引起了关于“北欧模式”的讨论。作者们曾有机会直接接触和了解一些北欧国家的实际情况，和那里的学者进行过相当深入的探讨。北欧国家确实有很多值得学习的经验，这是没有问题的。（其实其中许多措施恰恰是《共产党宣言》结尾部分的内容，对此在这里不打算进一步展开讨论。）然而，他们自己并不认为已经找到了令人满意的，更不要说完美的经济发展路线。他们对于自己的国家和社会面临的棘手问题有着清醒的认识，其紧迫感绝不亚于我们。挪威的枪击案和冰岛的财政危机就是近年来的两个突出例子。一位芬兰朋友忧心忡忡地告诉我们，他们的许多骨干企业已经陆续被以美国为主导的国际资本所控制，行为方式也变得越来越像美国公司了。近日，诺基亚的案例更表明了这种危机感并不是杞人忧天。看来，“北欧模式”也不是完美的、可以长治久安的解决方案。

总之，事实表明，“新古典经济学适用于发达的资本主义国家”的论点，并不符合实际情况。许多欧美学者也并不认同这点。

1.4 发展中国家

除了上述两个类型的国家外，就是大量的“发展中国家”了。从东南亚到拉丁美洲，从南亚各国到非洲，广大的发展中国家无一不在寻找摆脱贫困、走向富裕的道路。在第二次世界大战之前，这些国家还基本上处于当时的“世界”之外，并没有进入一体化的世界经济体系。换句话说，它们还基本上处于自给自足、自生自灭的状态，没有进入世界范围的分工格局。新古典经济学所立足的市场经济对于它们来说，也只是这几十年才开始的。所以，和转型中国家一样，它们也缺乏“华盛顿共识”所赖以成立的环境、条件、禀赋和基础。传统经济理论在这些国家的失效，是一点也不应该感到意外的。

诚然，这几十年来，在这些国家中也不乏得到一时成功的案例。从亚洲四小龙到肯尼亚和拉丁美洲的一些国家，在一段时间内，在内外特定条件下会出现经济的快速发展，这也是事实。然而，这种发展事后往往被证明是不可持续的、不可复制的，而且是十分脆弱的。20世纪末的东南亚金融危机就是一个明显的例子。

近代意义上的经济学，从亚当·斯密算起，也只有二百多年。它所依据的实际背景，从时间来说，只是资本主义生产方式的形成早期；从地域来说，只是西欧和北美的几个国家；从社会文化背景来说，只是基督教文化圈。所以，怎么能够想象，新古典经济学的理念和模型能够放之四海而皆准呢？如果还总是要求别的国家和民族都要向它“转型”，都要向它“发展”，那不又成了再明显不过的“欧洲中心主义”了吗？难怪有人说，从20世纪三十年代大危机以来，经济科学总是处在不稳定的情况下，三十年就要来一次颠覆。

从实践的方面看，发展中国家的情况千差万别，面临的问题也各不相同。政治的、地域的、民族的、宗教的种种矛盾，最后都集中到社会不公、贫富对立上面来，进而造成不稳和动乱。近年来中东和北非的情况不正是这样吗？除去外部原因，从各国的内部来说，经济的不平衡往往是重要的、不可忽视的基本背景。例如，在利比亚，东部地区和西部地区在经济上的不平衡和矛盾，最终成为引爆冲突并导致卡扎菲政权覆灭的导火索。近期泰国的动荡也可以看到类似的地区差别、阶层差别的深刻背景。

1.5 小结

这样的列举，毫无疑问是挂一漏万、极不完全的。然而仅仅上面所提到的这些，就足以表明：我们正处于人类社会的又一个大变动的时代。尽管与前面的一千年比较，20世纪已经可以算是大变动的时代了。然而，目前和最近的将来，正在发生的变动之深刻、动荡之剧烈、影响之深远一定将会超过刚刚过去的20世纪。

生活在21世纪的人类，面对着这样的世界，需要做出解释和回答。如前所述，对于经济这个复杂系统的理解和认识，就是这种解释和回答的不可缺少的基础内容之一。这就是时代对于当今的经济理论的呼唤和期望。

第二章 经济学家的各种回答

那么，经济学家们是如何回答这样的呼唤和期望的呢？他们给出了什么样的答案呢？在这一章里我们将进行一下简要的梳理。还是先从中国的情况谈起吧。

2.1 回头看式的答案

有一类答案是这样的："正确理论早就有了，问题是现在的人没有执行好。"这不是一种观点，而是一类观点。因为关于什么是正确的理论，有许许多多不同的观点。虽然他们所说的"正确理论"之间千差万别，从"回到五十年代"的新民主主义，到"回到孔夫子"；然而，共同点则是都要争相推销他们手中的、现成的万应灵丹，争相要把他们推崇的理论作为我们今天克服困难、解决问题的基本理念。他们的共同点在于：认为前人已经有了正确的、完备的理论，尽管对于什么是正确的、完备的理论，他们的看法之间，实在有着天壤之别。两年多以前，重庆模式处于热门话题的时候，"回到五十年代"的意见曾经流行一时。这就是回头看的一种典型。我们不妨把这一类回答统称为"回头看式的回答"。

对于这一类观点，从原则上讲，我们是不赞成的。这不是仅仅由于具体内容上的、意识形态的分歧和差别，或者某一种观点的价值取向，而是对于整个这一类观点的思维方式而言的。人类社会和科学的进步历史已经表明，每一种思想或理论、每一种观点或态度，都是一定的历史条件和环境的产物。正像人站在地球表面，就不可避免地受到地球引力的作用，他的行为方式和习惯都是这个环境的产物，带有这个环境的烙印，受到这个环境的约束。从孔夫子到马克思，作为那个时代的思想巨匠，他们的理论深深地影响了人们的观念和行动，在历史上发挥了各自的作用，留下了宝贵的精神财富，至今值得我们认真学习和消化。然而，历史是在向前进的，特别是在社会发生质的飞跃、经历剧烈变动的时候，新的情况、新的条件、新的环境总会提出新的、以前的人做梦都不会想到的困惑和难题。所以，每一代人都需要自己动脑筋、想办法，解决这些新的、人类以前没有遇到过的问题。借鉴、研究历史上一切有益的经验无疑是非常必要的，但是，现成的解决方案是不可能从祖先那里找来的。维纳有一本书，名为《人有人的用处》。我们可以进一步说：每一代人有每一代人的用处。

回到经济理论上来说，现代意义上的经济学是从亚当·斯密开始的。试比较一下当时的情况和现在的情况。无论是所谓“经济”的地域范围，还是所依托的技术，情况的差别实在太大了。我们经常讲蒸汽机时代、电气时代、信息时代等等，这就已经表明时代有了质的变化。经济规律当然也必然有所不同。就说分工吧，亚当·斯密所描述的分工的场景和今天跨越大洋的外包相比，差别有多么巨大！有什么理由事先认定，这两个时代的经济规律之间不会有原则性的差别呢？（关于分工的问题，我们将在本书的第二部分作为第一个切入点进行详细讨论。）特别是在大量事实已经一再证明，传统理论无法解释、更无法预测当今的经济现象的情况下，还能指望从祖先那里得到现成的万应灵丹，那就未免太天真了。如果真是这样，那么我们今天这些人还有什么必要存在呢？

至于说认为“现在的人没有执行好”，那也是站不住脚的。正确的、有效的理论就应该包括如何使人做正确的事情。社会科学是研究人和人的行为的，如果有什么社会科学的理论的正确性需要以执行者的道德情况为前提，那么这种理论只不过是没有说服力的、不可操作的空想学说，也就很难称为有效的科学。凯恩斯曾经说过：“经济学家和政治哲学家们的思想，不论他们在对的时候还是在错的时候，都比一般所设想的要更有力量。的确，世界就是由它们来统治着。讲求实际的人自认为他们不受任何学理的影响，可是他们经常是某个已故经济学家的俘虏。”“在空中听取灵感的狂人，他们的狂乱思想不过是从若干年前学术界拙劣作家的作品中提炼出来的。”“我确信，和思想的逐渐侵蚀相比，既得利益的力量是被过分夸大了。诚然，这不是就立即产生的影响而言的，而是指一段时间以后；因为，在经济学和政治哲学领域中，在25岁或30岁以后还受新理论影响的人是不多的，因此，公职人员、政客甚至煽动者所应用的思想不大可能是最新的。但是，不论早晚，不论好坏，危险的东西不是既得利益，而是思想。”（引自《就业、利息和货币通论》，商务印书馆，2004年，第397页）在今天的讨论中，凯恩斯的这些论述很值得我们深思。

2.2 向外看式的答案

另一种回答是把眼光向外看，认为外国已经有了成功的、现成的模式，我们只要完全照某某模式、某某理论去做就能够解决问题、克服困难。我们不妨称之为“向外看式的答案”。在这方面谈得比较多的是上一节提到过的“北欧模式”。首先，我们已经说道，在第二次世界大战后的一段时间中，他们在经济发展和社会公平方面取得了比较显著的成果，其中确实有不少值得我们认真研究和借鉴的经验。然而，一方面，所有这些经验是在当时当地的历史、文化、环境、资源等条件下奏效的，离开了这些条件能否奏效就不一定了。另一方面，面对近年来的种种挑战，“北欧模式”也遇到了效率下降、福利负担过重等众多难题，有关国家也在努力探讨这种模式的得失利弊和改进方向。我们绝不是排斥向外学习，一切有益的经验都应该在学习和借鉴之列。我们要强调的是，不存在拿来就能解决问题的现成药方。

与此类似的观点集中在对于目前的主流经济学，即新古典经济学的看法上面。在这个问题上，“向外看”和“回头看”融为一体。按照一些经济学家的看法，新古典经济学对于所谓“正常”的市场经济国家（即欧美资本主义国家）来说是适用的，只是对于其他国家（即所谓“转型中国家”或“发展中国家”）不适用。而不适用的原因还是因为这些国家还没有形成“正常”的市场经济，所以这些国家的任务就是尽快“转型”或“发展”，成为“真正”的或“正常”的市场经济国家。

作为例子，我们可以引用林毅夫教授的《解读中国经济》（北京大学出版社，2012年）一书中的表述。该书专门用了一讲讨论新古典经济学。（见该书第十二讲：“新古典经济学的反思和总结”，第242—266页。）这一讲的提要是这样的：“经济理论的作用就像一张地图，地图不是真实世界本身，而是帮助我们了解周遭的环境以及下一步如果往前、往后、往右或往左会遇到什么样的新景象，地图一定要有一定程度的抽象和简化，但如果把重要的地标忽略了或画错了，经常会造成人们行动的失误。”（见该书目录第4页。）那么，他对于新古典经济学这张地图如何评价呢？读完这一讲，结论大概可以这样归纳：“现在发达经济国家主流的新古典经济学理论用来解释发达国家的经济现象是非常合适的，但用来解释转型国家和发展中国家的经济现象却未必合适。”“有一个假设暗含在现有的新古典经济学的理论中，被经济学家不自觉地当作经济研究、经济理论的既定前提，我称之为‘企业是有自生能力的’假设。”（见该书第245页。）关于这个假设，书中已经有了详细的解释，这里我们并不准备详细地进行讨论。

根据林毅夫教授的看法，新古典经济学这张地图对于发达国家（美国和西欧）是非常合适的。对此我们只需要举出美国的次贷危机、欧洲的债务危机和“占领华尔街”这三个例子就够了。事实证明，这张地图并不怎么样。前面已经提到托尼·朱特的《沉疴遍地》用大量数字和事实展现了美国（以及欧洲）的现实情况和矛盾，令人信服地告诉我们，无论是美国还是西欧、北欧，并不是那么平静和和谐的。如果新古典经济学真是一幅完全适用的地图，如何解释上述种种危机、矛盾和冲突呢？关于美国和欧洲的经济不是我们这里讨论的重点，这里不再展开。

新古典经济学这张地图不适用于中国，在这点上我们和林毅夫教授是一致的。问题是为什么这张地图在中国不适用？分歧在于，林毅夫教授认为原因在于中国的企业缺乏他所说的“企业自生能力”；我们则认为，问题在于这张地图本身就有根本性的毛病，它对于经济这个复杂系统的描述，存在着严重的绝对化和简单化。

那么，林毅夫教授开出的药方是什么呢？简单地说，微观层次上就是要提高“企业自生能力”，宏观层次上，就是要“提升国家的要素禀赋结构”。纵观全书，前者无非是传统经济理论中的公司治理和企业理论，后者则是根据国家的具体条件选择合适的产业结构、提高技术水平和劳动力素质。所谓“企业具有自生能力”的隐含假设只不过是早已明确的“经济人假设”的延伸，并没有超出传统经济理论的框架。而仔细研究“禀赋”一词（英文为endowment），可以看出其含义十分含糊，既有先天的天赋的意味，又有由后天培养造就的能力，对于一个国家来说，更是难以评价。所有这些都并没有超出新古典经济学的框架。（例如关于国家的条件和能力早在李嘉图的理论中已经讨论了。）他虽然也指出了新古典经济学和华盛顿共识不适用于转型中国家和发展中国家，但是其理由也只不过是在于企业和国家的能力和发展水平，还没有达到“正常”的市场经济状态。由此开出的药方当然也就是努力提高能力和水平，以期尽快达到了“正常”的情况，一旦达到了“正常”情况，新古典经济学的这张地图就完全适用了。

这里有什么对于传统经济理论的反思呢？至多是对于新古典经济学的一些补充，使之能够用到转型中国家和发展中国家。显然，这种观点还是属于“向外看”之列。

2.3 悲观的答案

值得重视的是第三种意见。持这种意见的经济学家，对于新古典经济学的问题和弊病，有明确的、深刻的分析和批评，但是对于是否能够找到出路持悲观的态度。我们不妨称之为悲观的回答。

茅于轼教授的两处论述提供了这种答案的典型例子。一处是1998年他在《新制度经济学名著译丛序言》（例如见《专业化与经济组织》经济科学出版社，1999年，见书中的丛书序言，第1—6页）中的表述，另一处是近年出版的新书

《中国人的焦虑从哪里来》(群言出版社，2012年)。

我们先回顾一下十几年前茅于轼教授的一段文字。1998年他在《新制度经济学名著译丛序言》中，曾经比较完整地说明了他对于市场经济的观点："市场制度能保证经济的高效率，人类社会离不开它，但市场制度又是有严重缺点的制度。"(见上述书的"丛书序言"第5页。)。在这段话后面，他具体列举了市场制度的几个主要的毛病：浪费资源，提倡占有欲，产生贫富分化，需求完全要用钱来表示(用一句通俗的话来讲就是"一切按钱算")，破坏法律平等，人为地制造不确定性。这些论述确实是非常准确、非常中肯的。

在指出了所有这些弊病之后，茅于轼教授写了这样一段话："许多人企图寻求一个更完善的制度，在那个制度中人与人不再有利害的对立，大家为着一个共同的目标，即发展社会物质文化，让所有的人都能过上幸福的生活。这个理想能否实现？我不知道。"(第6页。)关于这点，即抱着乐观主义的态度还是抱着悲观主义的态度，我们暂且按下不表。要紧的是茅于轼教授接下去的话："但我可以十分有把握地确信，不论这个理想的制度是什么，有几个条件是必须满足的。那就是前面提到的一个均衡价格体系。为了产生这个均衡价格，必须有供应方和需求方各自出于自身利益的讨价还价，要在价格信息透明且能迅速沟通条件下进行竞争。"他还进一步强调："任何一个理想社会如果不能满足上述条件，它必定仅仅是一个乌托邦理想，是不可能实现的。"(第6页。)

在《中国人的焦虑从哪里来》这本新书中，茅于轼教授进一步阐明了他的观点。书中的第七章的标题是"重申市场理念"。收集在该章中的五篇文章，集中地解释了他关于市场经济的理念。特别是第一篇"市场万岁，价格万岁"、第二篇"经济学家有什么用"和第五篇"市场制度的真面目"。在这三篇文章里，他明确地提出了"市场万岁"的口号(第一篇文章，见该书第178—183页)；并认为由于"计划经济永远有无穷的吸引力"，所以经济学家的任务就是要捍卫市场经济(第二篇文章，见该书第183—187页)；进而对于经济学的发展方向提出了五点预测(第五篇文章，见该书第193—197页)，包括资源稀缺的长期性、价格体系的必要性、私有制的必要性、边际收益递减规律、提高消费效率的制度原则等等。

综上所述，茅于轼教授的意见可以归纳为四层：第一，市场制度保证了高效率；第二，市场制度有严重的缺陷；第三，有没有更好的制度，“我不知道”；第四，如果有，必须符合他提出的若干标准。

我们完全赞成他的前两层意见，包括茅于轼教授对于计划经济的严厉批评和猛烈抨击。对于第三层我们只能同意一半。的确，到现在为止，还没有完整的替代理论和解决方案；然而，我们并不那么悲观。近百年来人类社会、科学、文明的飞跃发展，已经远远超出了一百年前任何人的、最乐观的预测，现在的混沌只不过是人类社会在新的飞跃前的迷茫。自然科学和技术的进步完全可以给我们这样的信心。现在需要的是，突破传统思维和理论的束缚，解放思想，让精神飞出牢笼，走向新的更广阔的天地。至于第四层，我们是不赞成的。这就是后面要重点讨论的。

简单地说，我们认为：茅于轼教授之所以感到悲观，其根本原因就在于他还是在传统的理论思维框架，即新古典经济学的框架中转。他十几年前所列出的那些标准、今年的新书中提出的五点预测，都是在现有的、传统的经济理论的内容和思路之内的。传统思维的特点就在于绝对化、同质化、静止的、封闭的思维定式。再概括一点就是：对于经济系统的复杂性估计不足。

2.4 我们的基本观点——突破简单化，重视复杂性

对于上面提到的三种回答，我们是不赞成的。我们认为，“回头看”和“向外看”是没有出路的，悲观则是由于受到传统的思维模式的束缚；只要突破简单化、重视复杂性，就可以看到，现在正是经济科学走向新的阶段、新的高度之前的准备和酝酿时期。“柳暗花明又一村”的前景不会太远了。

当然，简单地说“经济系统是一个复杂系统，要重视经济现象的复杂性”，不会有人反对。然而，一接触到实际问题，传统的思想方法的烙印和局限性就充

分暴露出来了。

这里先从个体利益与整体利益的对立讲起。索罗斯说过:“社会整体与个体的二分法和其他二分法一样，都是我们抽象思维的习惯造成的。”（见《这个时代的无知与傲慢》，中信出版社，2012年，第217页。）按照系统科学的基本理念，个体组成系统之后，系统整体也是一个真实存在的实体；它有自己的行为规律和利益标准，不同于任何一个或一种个体的、独立的属性和取向。传统思维的失误正在于把个体和整体的对立绝对化。计划经济只讲整体利益，不讲个体利益；把自上而下的指挥、设计、命令作为基本的、唯一的方法，从而走进了死胡同。但是这并不等于整体和整体利益是虚无的、不存在的。近年来，另外一些人则走到另外一个极端，完全否认整体利益的存在，把“利己”绝对化，主张“人人为自己，上帝为大家”，把自下而上的自组织当作经济系统唯一的发展机制。这种观点已经为众多事实证明也是不符合实际的。美国和欧洲近年来的种种危机，已经再清楚不过地表明了这点。

事实上，正是类似的种种绝对化的偏见和做法，导致了茅于轼教授所指出的那些弊病。绝对化的、人为的二分法，已经把经济学研究引进了非此即彼的死胡同。这就是我们所要批评的传统思维方式的主要特点之一。任何事物总是有相反相成的两个方面，上和下，左和右，正面和反面等等。这本来是人类最基本的常识。个体和整体的区分也是这样。就说“利己”吧，“利”是眼前利益还是长远利益，“已”是个体的“小我”，还是群体的“大我”，是在个人、家庭、企业还是国家层次上的“大我”？然而，在传统经济理论的思维框架中，所有这些复杂的情况都被简单化地归结成了水火不相容的二元对立。似乎谁要讲到整体利益或计划调控，就必定是反对市场经济，就是否定和侵害个体利益和自主权利，以致经济学家存在的理由就是要捍卫市场经济。按照这种观点，谁要讲两者的权衡和协调，就是折中主义，就是理论上的不彻底。在这种思维方式的框架中，绝对化的两分法似乎已经成了“理论彻底”的标准。

茅于轼教授似乎也已经感到了这种绝对化造成的后果，他说到“计划经济永远有无穷的吸引力”，并由此提出，正因为这样才需要经济学家不断地强调市场经济。（见《中国人的焦虑从哪里来》，第184页。）事实上，如果我们不是用绝对化的思维方式去理解计划经济，而是承认一定意义下、一定层次上的计划或设计或干预是必要的、合理的，那么计划和宏观控制确实是“有无穷的吸引力”。如果是这样，我们是否也需要和强调“市场万岁”一样，也强调“计划万岁”呢？就像开汽车一样，没有一位教练会告诉他的学员，“向右万岁”或者“向左万岁”，常识就是“该向左的时候向左，该向右的时候向右”。这当然是一句永远正确的废话，关键在于此时此地需要向左还是向右。这已经是一个实践问题，而不是理论问题了。然而，至少可以肯定，“向左万岁”和“向右万岁”在原则上都是不正确也不必要的。

理论上的绝对化必然会造成实践活动的偏差和失误。所谓“政府管的越少越好”之类的绝对化的思维，将会导致改革中的一些本来可以避免的不良后果，如加剧贫富差距等一系列问题。这样的状况恰恰给怀疑市场经济、怀念计划经济的思潮提供了市场，就像“仇富”是对“炫富”的反弹一样。大家都看得见，这样的情况现在已经在我们的实际社会生活中出现了。

传统思维的另一个重要失误在于把复杂的现实不适当地简单化。“世界上没有两片完全相同的树叶”，客观事物在质的方面的无限性、多样性是绝不可以低估的。在传统的经济理论中，同质化的现象比比皆是。仅从上面所引的茅于轼教授关于经济理论的那几个要点中就可以看出来。资源短缺的普遍性就是一例。随着技术和社会的发展，资源的概念不断扩大和变化。一些原来不被认为是资源的东西，成为了资源，如无线电频率、航道等等。一些资源的性质完全不同于原有的资源，例如信息资源。在这种情况下，笼统地讲资源和资源配置、坚持资源稀缺是没有意义的。（关于资源、供给、需求等，在第二部分我们会详细讨论。）再比如，关于效益递减规律，经济学界早已发现了许多效益递增的具体案例。大量事实表明，在经济生活中效益递减和效益递增的现象都是存在的，用系统演化的术语来说，负反馈和正反馈都是客观存在的。传统的经济理论正是低估了经济系统的这种复杂性，只强调负反馈，一味追求均衡，从而阻塞了深入认识和理解复杂的经济现象的道路。对于马太效应的认识，对于经济周期的理解和认识就都是十分明显的例子。

还有一个更加明显的例子，就是对于需求和供给的认识。只要我们对于传统的经济理论稍加分析，就不难看出，现行的教科书里所说的需求曲线和供给曲线都是根据物质生活所需要的产品而言的。事实上，现在的经济生活中，精神产品、信息消费以及各种服务所占的比重越来越大。这些需求和供给，与传统的物质需求和供给相比，具有完全不同的特点和规律。例如，游戏行业、体育比赛、文艺演出、电影电视、奢侈品市场都各有各的规律。对于如此复杂的现代经济系统，试图用二百年前，仅仅从物质产品的若干现象总结出来的规律，来认识和解释，当然就会南辕北辙，无法应对了。科学需要抽象，需要简化，寻找共性，这是没有问题的。但是，这种简化必须是适当的、经得住实践考验的。特别是在事物向前发展，进入新的阶段，出现新的情况的时候，我们往往会发现，过去理论的简化已经不再适用了，理论需要改变，需要区分不同的质，用不同的方法对待。自然科学中不乏这方面的成功事例，从牛顿力学到爱因斯坦相对论的发展，到关于光的粒子说和波动说之争的意外结果，不都可以从中看到这样的情况吗？经济理论现在也正处在这样的阶段。这就是信息时代的新的情况和要求。经济学家要做的不是坚持旧的理论，而是与时俱进，探索符合信息时代实际情况的新的理论。

传统理论还有一个致命的弱点，这就是封闭性。传统的经济学说给自己画了一个圈，把经济系统假定为一个封闭的系统，认为可以关起门来、与世隔绝地、抽象地研究经济规律。现代系统科学认为，封闭是相对的，开放是绝对的。在一定的条件下，我们可以暂时不考虑外界的作用和影响，以便集中力量研究系统内部的规律。但是从长远来看，任何系统都会以不同方式、在不同程度上受到外界、即环境的影响和作用，也对环境发生影响和作用。但是，传统的经济理论却拒绝考虑其他的因素，例如社会、文化、法律、心理等。坚持认为，经济规律就是经济的事情，不应该考虑别的事情。到了实在没有办法回避、没有办法解释的时候，比如对于环境、能源的影响，经济学家们就发明了一个概念："外部性"。这其实只是遁辞而已。反过来说，经济学的规律和结论是否有一个可以运用的界限呢？这又是传统的经济学理论讳莫如深的一个难题。作为"一般等价物"的货币，它的应用是否要有一个界限呢？所谓"一切向钱看"、"一切按钱算"的思潮正在无孔不入地侵入社会生活的所有领域，造成了我们今天看到的许多问题和矛盾。美国学者桑德尔不久前的一本书，名为《金钱不能买什么》（中信出版社，2012年）详细地剖析了这个问题，值得一读。无论从哪个角度看，封闭都是没有出路的，开放的思维才是科学进步的不二法门。

还有一个值得注意的问题：经济形势的定量测度问题。关于量和质的讨论，也是一个永恒的议题。从系统科学和复杂性研究的角度来看，质重于量是一个基本的出发点。任何质都必须表现为一定的量，这是没有问题的。但是，不同的质在原则上是不可比的；所谓的量化只是在特定的条件下、就特定的方面、从特定的视角、在一定的时间内的比较，千万不能没有限制地扩大其作用范围。就经济理论来说，首先牵涉到的就是价值理论。且不说劳动价值论和边际价值论的争论，就说货币这个"一般等价物"吧，这里的"一般"的作用范围究竟是否会有个界限，就是值得考虑的。如果目前的货币和价格体系是在一定的界限之内起作用的，那么这个界限在哪里呢？如果这样的话，不但当今盛行的"GDP至上"站不住脚，就连茅于轼教授坚持的"价格体系"也就要动摇了。这并不是一个纯理论问题，从地方政府和国有企业的考核指标，到文化产业和电影票房的认识，其根源都与此密切相关。

以上各项都是严肃的经济科学必须认真思考和回答的。对于上述这些问题，本书的第二部分将择其要点，分别加以具体讨论。

2.5 国内外经济学家的批评和探索

其实，对于新古典主义经济理论的批评并不是什么新的意见。多年来，国内外许多著名的经济学家都已经指出了新古典主义经济学的理论需要进行根本性的改造。这里只举几个典型的例子。

著名经济学家、诺贝尔经济学奖得主斯蒂格利茨曾说："当我还是一名研究生时，我就得出了一个结论：始自亚当·斯密，经过两百多年发展的经济学的核心——标准的竞争均衡模型——并不能很好地反映市场经济。其中的许多结论都是错误的。"(《斯蒂格利茨经济学文集》，第一卷，上册，中国人民大学出版社，2007年，第3页。)他还说："如果中国要想在向市场经济转型的过程中继续取得成功，就必须要理解市场机制的优势和局限性。而许多研究生院仍然在讲授的标准竞争均衡模型，却不能对此做出准确的评价。"(同上书，第5页。)

1983年美国麦克米伦出版社出版了一本论文集，名为《经济学为什么还不是一门科学》(中译本由北京大学出版社1990年出版)。这本文集由阿尔弗雷德·艾克纳主编，由里昂惕夫等著名经济学家撰稿。该书从方法论、数学方法的运用等不同的视角，对于新古典经济学进行了深入的分析，对于其科学性提出了质疑。比如：里昂惕夫所写的序言中指出：许多经济学家把复杂的经济现象归结为少数几个变量(如资本、劳动、原材料、中间产品、总价格水平等)，然后，根据这几个变量建立起简化的数学模型。然而，这些"似乎有理而完全是任意的假说都无助于进一步深入理解一个现实经济系统的结构和运行"。该书中还指出目前的"经济学中存在着一些根本性的错误。如果不纠正这些错误，如果不建立在完全不同的基础上，经济学就不可能取得进展"。(见该书第7页。)

事实上，这样的批评可以说从来没有停止过。包括前面提到过的《一种批判的经济学史》、《沉疴遍地》等书也都有类似的批评，不必再多举例子。

在国内，经济学家对于新古典经济学进行质疑和批评，也可以举出许多。例如，乌家培教授的一位博士生，就提出"社会经济人"的理念，对于传统的"经济人"假设提出了质疑和纠正。最近出版的一本新书：《超越经济人——人类的亲社会行为与社会偏好》[(浙江大学)叶航、陈叶烽、贾拥民著，高等教育出版社，2013年]，也对于"经济人"假设提出了挑战。

再举一个例子，中国人民大学的陈雨露教授和马勇研究员最近出版了一本新书《大金融论纲》(中国人民大学出版社，2013年)。书中对于新古典经济学提出了这样的批评："在主流的新古典经济学框架下，以阿罗—德布鲁范式为代表的一般均衡理论，围绕零交易成本和充分认知假设建立起一个无摩擦的完美市场体系。在这一体系下，金融部门的作用是无足轻重的，它不仅不会影响市场的均衡状态和过程，甚至根本就没有存在的必要。""在主流经济学的方法论视野中，不仅没有将不确定性作为系统的特性予以解释，而且也不认为内生不确定性是一个令人满意的理论所必须解释的内容。"(见该书第4页。)

关于解决这些问题的出路，《大金融论纲》提出了大金融的概念。书中说："我们所定义的大金融概念，在学理上源于黄达教授所倡导的宏微观金融理论相结合的基本思路，在理念上源于金融和实体经济作为一个不可分割的有机整体的系统思维。"(见该书第1页。)"与传统的经济学的方法论相比，大金融命题更加强调系统的思维、整体的视野、发展的观点和动态的视野。"(见该书第5页。)

最近，我们读到了黄达教授在接受2013年"中国经济理论创新奖"时的得奖感言(2013年11月28日，武汉大学)。其中关于经济理论的现状讲了如下的两段话："经过改革开放三十多年，在可以全面吸收全世界经济学成就的环境中，我们经济学的建设的确取得了无可置疑的成就。我们对经济过程的分析细化了；实证研究使我们对数量的把握准确了。然而面对现实经济生活中的困惑，无论是国内的，还是世界的，却往往使人感到深入本质、高屋建瓴的理论剖析不怎么多见。似乎精良的经济学武器还不如过去杂牌武器那样趁手。问题出在什么地方？是不是在于还没有把外国的东西学全、学透。学全、学透是一个过程；何时学全、学透恐怕也难以说清。不过，学全、学透的顶点也许可以理解为达到与国外经济学人一样的水平。可是，极其现实的是，许许多多世界的经济问题，许许多多中国的经济问题，好像顶级的、治学严肃的国外经济学人，也常常处在云笼雾罩之中，——不在于存在分歧的见解，而在于认识、论证、对策经不起推敲，用之于实践，常常显得空泛、偏颇，把握不住要领。是否可以这样判断：不在于中国经济学人没有掌握好经济学的武器，而是面对当今世界的新发展、新课题，世界的经济学，显出有点迟钝、有点保守、有点缺乏锐气，需要进一步提升。”他还说：“这类问题显然不是制订几个计量模型能够解决的；同样，也不是简单重复经济学本身那些论证了几千年、几百年的规律、原理所能解决的。这里需要的不在于细枝末节，而在于提升指导经济学的基本思想，在于寻求在哲理、宇宙观、方法论这样的指导思想层面要有新的突破。”

我们对于这些意见深有同感、完全赞成。

从以上举出的几个例子，至少可以得出两点初步的结论。首先，国内外相当多经济学家已经对于新古典经济学提出批评和质疑，新古典经济学不能适应当今的现实，这已经是相当范围里的共识。其次可以看出，这些批评集中在基本假设和方法论上，例如“一般均衡理论”、“阿罗—德布鲁范式”、“零交易成本”、“无摩擦的完美市场”等。这种状况充分证明了对于传统的思维方式进行反思的必要性。

2.6 小结——我们的回答

当然，我们并不认为现在已经找到了茅于轼教授所说的理想制度。但是可以肯定的是，如果不突破传统的思维框架，如果在新古典主义的框架内转，是不可能找到出路的，是一定无法走出悲观的死胡同的。至于愤青式的骂街，只是一味喊叫“中国经济到了崩溃的边缘”，更是没有什么实际意义的。

从基本的方法论入手，突破绝对化、简单化、静止的思维方式，切实重视各种意义上的复杂性，树立起新的理念和思维方式，立足现实，积极探索，经济科学就一定会迎来新的高涨。这就是我们的回答。

第三章　复杂系统的基本理念

既然现在的主流经济学，主要是新古典经济学，不能适应现代经济和社会的现实情况，不能有效地理解和认识信息时代的经济现象，出路何在呢？对于这个问题，国内外的许多学者已经进行了广泛的研究，提出了各种各样的观点和建议，可谓仁者见仁、智者见智。对此我们的建议是：从改变思维方法入手，突破简单化、绝对化的传统思维框架，**借助复杂性研究提供的理念重新认识经济这个复杂系统。**

为此，我们在这一节中，对于复杂性研究的基本理念，进行简要的梳理，为后面的讨论提供基础。

3.1 历史背景和几个用词的说明

在本书中，有几个名词的使用常有交叉或重叠，在这里先做一点说明。这几个名词包括：系统科学、系统观念、现代系统科学、复杂性研究、复杂性科学。

笼统地说，这几个名词表达的内容是同一件事情，即不同于以牛顿力学为代表的近代科学的思维方式的，从20世纪中叶开始涌现出来的，将成为21世纪科学基础的一系列彼此相关的理念和思维方法。

如果细分一下，对于这几个词可以从历史的演变进程进行如下的区分。20世纪的三十年代，贝塔朗菲依据他作为医生的实际体验，首先提出了系统观或整体观的理念，重新强调亚里士多德的“整体大于各部分之和”的观点。他的理论被称为“一般系统论”（General System Theory，简称 GST）。这一步被认为是系统科学复兴的开始。也就是说，如果我们从亚里士多德算起，人类自古以来就已经对系统的概念和理论进行过许多研究和思考。如果把这种研究和思考也称为系统科学的话，这门科学是自古以来就有的，只不过在近代被遗忘和忽视了。所以，为了区分和确切，我们把近百年来复兴的系统科学称为现代系统科学，以区别于古代的系统科学。当然，更主要的，这个名称是针对近代科学而言的。

我们在这里所说的近代科学，是指从培根、哥白尼、伽利略等学者开始，以牛顿力学为顶峰和代表的科学发展阶段。从时间上来说大约覆盖了从16世纪到19世纪的三百多年。近代科学是人类文明的伟大创造，是工业文明的思想和技术基础，它创造和提供的物质和精神财富，直到今天还是我们日常生活的基本保证。近代科学作为人类文明史上的丰碑，作为一个高峰，是永远值得尊敬和推崇的。然而，历史永远是向前进的，有一个又一个的高峰，但是没有终极的顶峰。每一个具体的阶段在做出自己的贡献的同时，也必然带有时代的局限和烙印，这是没有什么奇怪的。受到当时的人类眼界、技术条件、经济发展水平等诸多因素的限制，近代科学在思维的理念和方式上也表现出一些突出的缺陷和弱点。这主要是简单化、绝对化、静止的思维方式。

从贝塔朗菲起，这几十年来，许多学者对于现代系统科学（包括系统工程）进行了多方面的研究，取得了许多重要的成果和进展。今天我们对于系统的概念和认识已经大大地丰富和深入了。维纳的控制论、香农的信息论为计算机的诞生提供了基础；众多大型工程的成功（包括中国的两弹一星）使系统工程得到了社会的承认和关注；对于混沌、分形等的研究，使人们进一步开阔了眼界，看到了世界的丰富多彩和复杂多变；霍兰的复杂适应系统理论（CAS 理论）的提出，进一步为生物和社会系统的研究提供了思路和工具。在这个进程中，人们越来越体会到，近代科学研究和处理的是简单系统，而我们现在特别需要研究和关注的是复杂系统。例如，钱学森教授在成功地创建了工程控制论之后，就明确地提出要研究“开放的、人机结合的复杂巨系统”的任务，并在晚年致力于建立系统学，力图探索复杂系统的规律。特别值得注意的是，他还十分关注系统科学在经济和社会科学领域的运用。国外的许多学者也意识到，系统科学的进一步发展在于对于复杂系统和复杂性的理解和认识。就是在这样的基础上，从20世纪末开始，复杂性研究（Complexity Study）成为热潮。所以，复杂性研究和系统科学，特别是现代系统科学，其实是一个意思，只是进一步强调复杂系统而已。当然，这个名词上的变化也是为了和近代科学进一步区分，因为人们会说：近代科学也研究系统，如太阳系、热力学系统等等。用复杂性研究一词，就是要和传统的、简单化的思维定式进一步划清界限。

最后还要提一下复杂性科学，不少地方也用这个词来表述这个新的领域。但是，有哲学界的朋友提出不同意见。他们认为：科学就是要简化和抽象，复杂性科学这个词是自相矛盾的。（见闵家胤，《进化的多元论》增订版，中国社会科学出版社，2012年，第581—583页。）我们接受他的建议，不再用复杂性科学这个词，而使用和英文完全一致的复杂性研究一词。

基于以上背景和情况，本书中主要使用复杂性研究这个词，但是由于上下文的联系，有的地方也出现现代系统科学、系统观念等用词。读者完全可以把它们当作同义词去理解。

3.2 系统观念的最初表述

从历史上来说，关于系统的最初表述是亚里士多德的话“整体大于其各部分之和”，或者用更通俗的表述“一加一大于二”。应该说，这个表述的确抓住了本质。我们可以从中体会到，新的事物、新的现象、新的规律、新的质和量正是这样涌现出来的。老子说的“道生一,一生二,二生三,三生无限”（《老子》第四十二章），大概也是这个意思吧！近日重新阅读霍金的著作，其中关于大爆炸以后，宇宙从简单到复杂、从对称到非对称、从无差别到差别越来越大的发展过程，似乎也是这样的。

按照系统科学的观点，当若干个个体组成系统的时候，就会增加某些新的内容。这些新的内容是不能简单地归结到个体的性质的。与此对立的是还原论的观点，即认为：只要把所有部分的情况完全搞清楚了，整体的情况和性质自然而然就清楚了。这种观点的持有者，最典型的就是拉普拉斯（法国数学家皮埃尔-西蒙·拉普拉斯）。他说："如果世界上有一个智慧生物，能够知道此时此刻所有粒子的位置和动量，并且具有无比巨大的计算能力，那么它就可以准确地预测以后的任何事件，同样它也可以准确地重构以前的任何事件。"（Laplace, Pierre-Simon. Introduction, Théorie Analytique des Probabilités//*De la probabilité*. Œuvres complètes de Laplace Ⅶ. Gauthier-Villars. 1820: vi—vii.）这既是还原论，又是绝对的确定论。恩格斯早在一百五十年前就明确地批判过这种观点。（参看《反杜林论》和《自然辩证法》）

在近代科学的许多学科里，与亚里士多德的理念相左的观点比比皆是。最著名的要算是热力学第二定律了。在热力学第二定律描述的世界里，随着时间的推移，是从有差别走向无差别，从复杂走向简单，从不对称走向对称；还有人由此进一步推演出了世界走向灭亡的热寂说。当然，在一定的范围内，在封闭的系统中，这个定律的确是反映了实际情况的。问题在于把这个局部的规律推广到整个宇宙，作为基本的理念，那就要出问题了。现代科学的许多成果，已经提供了大量从无差别到有差别、从简单到复杂、从对称走向不对称的事例。最突出的例子就是现代宇宙学。（参看霍金。）客观地说，世界上这两种发展的形态都是客观存在的。近代科学的偏颇在于只承认其一，不承认两者都是客观存在的。现代系统科学，或复杂性研究所做的，就是指出这种由简单到复杂的情况不但也是客观存在的，在某种意义上讲，比那种由复杂到简单的变化更重要；特别是在今天这个变化万千、新事物层出不穷的时代。

从这种意义来讲，亚里士多德的表述虽然正确而且概括，却也还是不够的，还需要进一步发挥和说明。这里主要是指，"一加一大于二"，容易使人误以为只是量的增加，忽略新的质的涌现。"整体"比"个体之和"大在哪里？而且也没有突出质的变化和复杂程度的增加。所以我们下面就转而说明"复杂"的含义，谈谈我们对于复杂性的理解。用词也从系统科学转为主要讲复杂性研究。

3.3 复杂性的含义

说一个系统是“复杂系统”，或者说一件事情很“复杂”，究竟是什么意思呢？经过梳理，我们认为可以从以下六个方面去解释复杂性的由来。

1. 逻辑的复杂性，即“非此即彼”的、绝对化的二分法与现实的冲突造成的复杂性；

2. 质的复杂性和多样性，即由于质的差别和多样性造成的复杂性；

3. 视角的复杂性和多样性，即由于视角的多维性质造成的复杂性；

4. 层次带来的复杂性，即由于层次之间的质的差别造成的复杂性；

5. 时间轴上的复杂性，即由于时间和演化的作用造成的复杂性；

6. 与信息相关的复杂性，即由于信息的作用、主体和客体的交互作用造成的复杂性。

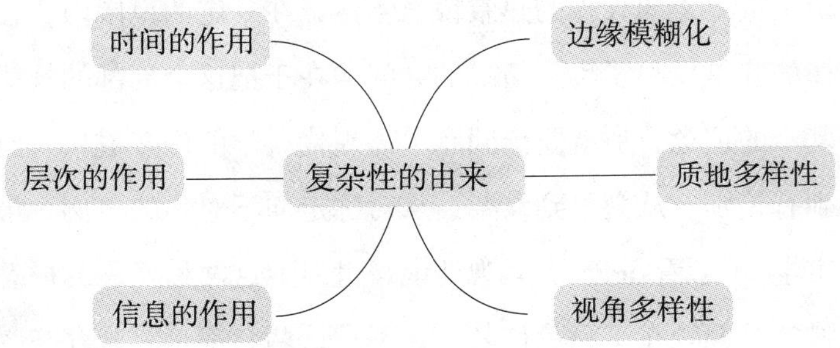

图 3-1　复杂性的由来

另外，由于对复杂性的认识，人们对于不确定性的认识和理解也发生了深刻的变化。相应地，关于定量的测度问题、可预测性问题、并行宇宙问题，人们的认识也已经与以前发生了本质的变化。

下面我们就按照这样的思路，对于以上各点进行一下简单的梳理。重点在于说明，当我们说某件事情“复杂”或者说某某系统是一个“复杂系统”的时候，包括了哪些意思在内，以及传统的、简单化、绝对化的思维方式是如何阻碍我们解放思想的。

3.3.1 逻辑的复杂性——从“非此即彼”的二分法中解放出来

小孩在看电影的时候，总要问大人，谁是好人，谁是坏人。这种简单的、“非此即彼”的二分法，正是小孩幼稚的表现。随着社会经验的增长，人们才逐渐认识到，事情并不是这么简单的，更多的情况是“非此非彼”或“亦此亦彼”。用形象化的语言来说，就是“两个泥人打碎了，重新捏成两个泥人，你中有我，我中有你”。整个人类思想的进步，也经历过，并且继续经历着类似的路径。在近代科学的思维定式中，正是绝对化的二分法占了统治地位。今天许多纠缠不清的难题，其实都来源于此。

在《这个时代的傲慢和无知》（中信出版社，2012年；原著出版于2006年）一书中，索罗斯多次批评了传统思维的这种两分法。例如他说“社会整体非但不是和个人理念相对立的抽象概念，而且是包含所有社会成员的实质的统一。社会整体与个体的二分法和其他二分法一样，都是我们抽象思维的习惯造成的”。（见该书第217页。）的确，复杂的客观事物并不是像抽象的逻辑推理那样黑白分明的。很多事情的绝对化的二元对立，往往是我们自己的思维定式造成的。

举一个例子，光到底是波还是粒子？人们争论了好多年。原因就在于近代科学的思维定式中，事先设定了一个“非此即彼”的二分法：一个事物或者是粒子，或者是波，二者只能是一个。现代科学给出了超出人们预想的结果：光既是粒子，也是波。这就是波粒二象性。回过头来看，为什么我们就不能想到还有“非此非彼”、“亦此亦彼”的可能性，而只能是“非此即彼”呢？类似的例子还可以举出许多，如市场经济和计划经济、连续和离散、唯物主义和唯心主义、社会主义和资本主义等等。

概念和抽象无疑是需要的，人们想问题、做事情必然要进行逻辑的推理和演绎。问题在于不要把本来是相对的区别和对立绝对化。

3.3.2 质的复杂性和多样性——超越同质化

“世界上没有两片树叶是完全一样的。”对此谁都不会有异议。然而对于其含义，还有必要加以深入地研究和解释。我们认为，这句话的深刻意思就在于强调了世界在质的方面的多样性和无限性，并强调了质重于量的理念。

质和量是客观世界的两个基本方面，两者紧密联系，相互转化。任何质都需要体现为一定的量，任何量都是对特定的质而言的。世界不但在量的意义下是无限的，而且在质的意义下也是无限的。需要指出的是，在这个问题上，近代科学的一些代表人物只从量的方面理解无限性，而忽略了世界在质的方面的无限性。据说，拉普拉斯就曾经认为：牛顿是幸运的，因为他发现了宇宙运动的规律，而宇宙只有一个。在他的理解中，世界只是在量的意义下是无限的，在空间的三个方向上、在时间的延伸上是无限的，但是运动的规律就只有一个，即牛顿发现的力学定律。这就是说运动的规律是有限的，一经发现就“放之四海而皆准”，显然，这就从根本上否定了世界在质的方面的无限性和多样性。

科学史已经证明了这种观点是不符合实际的。对于以接近光速的速度运动的物体，对于小到分子和原子尺度的物体，牛顿力学就不再适用了，而需要代之以爱因斯坦的相对论力学和量子力学。牛顿力学只是在一定的范围内、在一定的尺度上适用。世界在质的意义上，也是无限的。这就是科学史告诉我们的客观事实。

另一方面，对于在有限的时空中生活和工作的人来说，分类和简化是思考问题、认识规律的必由之路。在研究某一特定的问题或方面的时候，必须暂时不考虑其他的因素或方面，把“不同的树叶”归为一类，把萝卜和白菜归为蔬菜，把苹果和香蕉归为水果等等。这是必然的、必需的。然而，我们必须记住，这样的归类和简化是“暂时”的。如果超出一定的范围和界限，就会走向谬误。这就是我们所说的同质化，即不适当地把不同质的事物同等看待。

近年来，国外学术界十分强调“多样性”（Diversity），例如2006年在芝加哥召开了名为“以多样性求发展”（Development Through Diversity）的学术会议，与会者超过1,600人。这股思潮的基础理念就是强调和承认质的无限性。

需要强调的一点是，我们并不是反对抽象和简化，抽象和简化永远是需要的。我们要反对的同质化，是指不适当地、绝对化地把不同质的事物同等对待，而不是一般的抽象和简化。如上所述，抽象和简化都是在一定的条件、一定的范围、一定的场合内发挥其作用的；如果超出合理的范围，就会失去其合理性，造成同质化的弊病。在这个意义上讲，质的无限性和多样性是绝对的，任何抽象和简化都是相对的。近代科学之所以在二十世纪遇到重重挑战，往往不是它的创始者们的失误，而恰恰是继承者们和解释者们不适当地把创始者们当时当地的、合理的抽象和简化不适当地推而广之，用到了不适当的地方。这样的案例在自然科学中有不少，在社会科学，包括经济科学中更多。对此后面还会进行详细的讨论。

3.3.3 视角的复杂性和多样性——走向更多的维度

在地上画一个圈，把蚂蚁放在里面，它如果不踩线就无法爬到圈外。但是，一个苍蝇就可以轻而易举地飞出圈外而并不踩线。区别就在于蚂蚁在二维空间中活动，苍蝇在三维空间中活动。苍蝇多了一个维度。小的时候听到过一个智力测验：如何做一个木塞子，既可以用来盖圆的瓶嘴，又可以用来盖方的瓶嘴，还可以用来盖三角形的瓶嘴。这也是一个维度的问题。显然，复杂性的另一个方面就是视角的多维特性。

看问题、做事情，多一个视角，多一个维度，就能够少一点片面性，就能够向正确的方向多靠近一点。这似乎不是什么深奥的道理，然而，真要时刻记住这一点是不容易的。从历史的长河来说，更不是任何在有限时空中的个人或群体所能够完全做到的。

例如，在工业社会初期，当人们沉浸在开发化石能源的巨大成功中的时候，有谁能够考虑到温室效应和全球变暖呢？即使有少数先知者提出过环境污染问题，又怎能引起全社会的关注呢？有人说过："要完全地认识事物就要考察它的一切方面，我们永远不能完全地做到这一点，但是要求全面性可以使我们少犯错误和避免僵化。"这里说的永远到达不了的"一切方面"就是维度的无限性。中国的古代学者也早就看到了这一点。"塞翁失马"的故事讲的也正是这个道理。

总之，摆脱线性的、"一根筋"式的思维方式，多一个维度，多一个视角无疑是十分必要的，对于正确地想问题、做事情是大有好处的。

3.3.4 层次带来的复杂性——世界是分层次的

前面已经说道，系统是分层次的，层次之间是有质的差别的。中国和外国的古代学者，对于层次早已有所阐述。例如，中国古代神话中的地狱分十八层，但丁的《神曲》中所描述的天堂、净界、地狱三界也是分层次的，就连托勒玫的宇宙模型也是分层次的。

层次是复杂性的又一个重要表现和来源。尽管层次也可以说是一种视角，但是它的含义比视角更丰富，我们把它单列出来。我们要强调的是**层次之间的质的差别**。对于简单化的思维模式来说，层次只有数量的意义，而且是可以任意划分的。正像前面讲过的系统的新的质的产生一样，每上一个新的层次，都一定会有新的质产生的，否则就谈不上新的层次。此外还要加一句，"山外青山楼外楼"，层次的阶梯也是无限的。

从思想方法来说，我们最关心的是，在迈向上一个层次的时候，有哪些质的变化，有哪些新的现象、新的规律涌现出来。既然有质的差别，一个隐含的结论就是：层次之间的差别在某种意义上讲是不可跨越的。我们的前辈似乎已经意识到这点。无论是在《西游记》中还是在《神曲》里，当迈向上一个层次的时候，作为下一层次的个体（取经完成后的唐僧、登上更上一层天的但丁）都必须"死"一回。这不就说明层次之间在某种意义上是不可跨越的吗？

近代科学受到人类当时的眼界的限制，对于许多事情的认识和理解，往往是立足于欧美经验的。一旦跨过大洋，进入新的人群和地域，就会发现事情并不那么简单，所以他们自己现在也在对于“欧洲中心主义”进行反思。可以想象，未来的人类在走出地球之后，一定还会有更多的意外和惊喜在等待着他们。回顾19世纪末有些学者的观点，现在看起来实在是有些幼稚可笑。比如，在19世纪末曾有人认真地提出建议关闭专利局，理由是需要发明的东西已经发明完了。还有人认为科学的基本原理都已经被发现了，以后的任务只是“到小数点以后的第六位去修正某些参数的值”。这些都和人们总想把某一个局部、某一个层次的局部规律不加限制地推广到整个宇宙的企图相关。强调层次之间的质的差别，强调层次的无限性，有利于我们防止僵化和绝对化。

著名学者薛定谔在他的《科学与希腊》（上海科学技术出版社，2001年）一书中引用了德国在第二次世界大战以后的一份关于教育改革的文件中的一段话：“每一位在工科大学的讲师，都应具备以下能力：（1）能够看到本专业的局限性。在教学过程中，使他的学生了解这些局限性；并且告诉他们，超出其界限，起作用的力量就不再是纯粹理性的了，而将源于生活及人类社会本身。（2）对每一个专业，都要教会学生如何突破其狭窄的范围局限，从而拓展更宽阔的视野。”（见该书第100页。）我们不妨思考一下，德国的教育部门为什么要对教员提出这样的要求。结合他们在第二次世界大战后的反思，我们可以得到一些更深层次的教益。

3.3.5 时间带来的复杂性——承认历史的作用

在时间的问题上，简单化和复杂性研究的对立也是十分尖锐的。在这里，关键的分歧在于，时间是不是有方向性的，换一个说法，就是这个世界是不是有真正的历史。

近代科学所描述的世界是一个静止的、顶多是循环的世界。在这样的世界模式中，向前发展和向后倒退是没有区别的。所以，他们给科学提出的任务是寻找一个理想的状态，一个平衡状态，一个不动点；世界的运动变化无非都是向这种理想状态逼近。在他们的世界图景中，只有向平衡状态的回归，时间的方向实际上是不起作用的。再换一个提法：如果你问，一万年以前的世界和今天的世界有没有实质性的差别，一万年以后的世界和今天的世界有没有实质性的差别？他们会回答你：没有本质的差别。

科学的进步已经做出了回答：这种观点是不符合实际的。先是生物学，后是天文学（现在叫宇宙学），都已经告诉我们：世界是有真正的历史的，向前和向后是有本质的区别的，历史是不能倒退的。这就是两种根本对立的理念。

从这两种根本对立的理念出发，就会得出两种截然对立的发展观。按照前一种观点，存在着一种与时间无关的平衡态，所谓发展变化（如果他们承认有发展变化的话）只不过是回归，没有任何新的东西出现，只会越来越简单。按照我们赞成的观点，发展是真正的变革，不断有新的差别出现、新的质出现，复杂性越来越增加。在前一种观点看来，回归平衡状态的负反馈是基本的变化规律；而从复杂性的理念看来，不断增加新的质的正反馈更有意思，（例如马太效应），尽管在一定的范围内、在某种意义的局部中，负反馈的确是一种比较常见的情形。

还需要指出，客观事情的发展总是要有一个过程，原因和结果之间往往会有一段时间差，许多复杂的情况正是由此产生的。（例如，经济生活中的长远利益和近期利益的矛盾、击鼓传花的游戏等等）此外，在事物的发展的各个阶段，起主要作用的因素或方面是在不断变化的。这也需要我们更加注意和重视时间的作用。

对于时间和历史的这两种对立的看法，正是复杂性思维和简单化思维的一个重要分歧点。这点在自然科学中已经得到充分的展示，在经济科学和社会科学中情况也正是这样。对此，后面还会进一步展开讨论。

3.3.6 信息带来的复杂性——活的元素组成的系统最复杂

最后一种复杂性是与信息相关的复杂性。大家都承认，有生命的世界要比无生命的世界复杂得多。为什么会这样呢？用一句通俗的话回答，就是：活的元素组成的系统比死的元素组成的系统复杂。再接着追问一句，什么叫“活的元素”？ 那就是能够接受信息，并根据信息改变自己的行为方式以至组织结构的主体，简言之，能够适应环境的主体。20世纪九十年代，美国学者霍兰提出了“复杂适应系统”理论（Complex Adaptive System，简称CAS理论），参见他的《隐秩序》和《涌现》两本代表作。(《隐秩序》，上海科技教育出版社，2000年;《涌现》，上海科技出版社，2000年)，他提出:“个体的适应性造就了系统的复杂性”，这是认识和理解一大类复杂系统的关键。他把这种系统命名为复杂适应系统。不难看出，这就是生物界、人类社会比物理世界复杂的根本原因。

索罗斯认为社会科学与自然科学的区别就在于“反身性”，即人们对于社会的认知功能和参与功能是交织在一起的。(参见前面已经提到的《这个时代的无知与傲慢》一书第6—7页。)说具体一点，就是在自然科学中能够截然分开的客观系统和观察主体，在社会科学中已经分不清楚了。由此可以理解，为什么社会现象比自然现象更加复杂、更加不可预测。这就是信息带来的复杂性。近代科学的理念中根本就没有信息的位置，例如古典经济学的基本出发点之一就是所谓“信息完全假设”。而现代科学的起点之一，却是由20世纪四十年代的维纳和香农提出的关于信息的概念和度量。

今天谈到信息，人们最直接的联想就是计算机、互联网、手机等技术进步，而没有注意到人类思想认识的飞跃。我们把今天的时代称为信息时代，这不是偶然的。由于信息的引入，绝对化、简单化的思维定式遇到了严重的挑战，马太效应就是一个典型的例子。所以我们谈论复杂性，不能不强调信息的重要性，不能不对于信息带来的复杂性给予充分的关注。

以上就是我们对于复杂性的六点基本理解。

3.4 关于不确定性

复杂性和不确定性是紧密联系在一起的。对于不确定性的重新认识，是现代科学对于人类思想的重要贡献，是20世纪的重大进步。有人把海森堡的测不准原则、哥德尔的不完全性定理、阿罗社会选择理论中的不可能性定理并称为20世纪人类重新认识不确定性的三大发现。的确，作为在近代科学教育下成长起来的一代，我们自己在很长的时期内，不自觉地把科学性和确定性等同起来，总以为随着科学的进步，不确定性会越来越少，甚至完全被消除，并把这作为科学的理想。从混沌现象的发现（如气象学中的蝴蝶效应等）到分形的绚丽多彩，特别是上面所说的三大发现，促使我们的观念发生了根本性的变化。事实是，和确定性一样，不确定性也是实实在在的、永恒的客观存在。不确定性和复杂性一样，是世界演化和进化中的必然。人们不应该是一味地要消除它，而是要认识它、应对它、利用它，因为它并不是绝对的坏事，除了风险之外，它也包含了机遇和发展的空间。

近代科学的绝对化、简单化的思维框架是容纳不了不确定性的。前面提到过的拉普拉斯的观点就是典型的、绝对的确定论。正如恩格斯早就指出的，这样的绝对的确定论必然要走向宿命论和神学。（参看《自然辩证法》和《反杜林论》。）波普尔也曾尖锐地批评他所说的历史决定论。从复杂性的观点看，这也正是对于社会发展中的简单化、绝对化的倾向的批评。对于由不确定性造成的不可预测性，坚持传统思维框架的人们耿耿于怀，总想找到一劳永逸的万应灵丹，而结果往往是乌托邦式的悲剧。从法国大革命的代表人物们、空想社会主义的代表们开始，一直到今天，这样的例证还少吗？出路不是消除不确定性，而是承认和认识它。在这一点上，不确定性和复杂性是一致的。

与此相关的还有并行宇宙的问题。这也是学术界近年来关注的一个很有意思的领域。我们暂且不去讨论相关的、深奥的技术细节，仅从思维方式来说，实质在于是否承认发展趋势和路径的多样性，是否承认不同质的事物、空间、系统的客观存在。在这个意义上，这是和复杂性研究的理念相通的。

有人认为这样的一些看法是不可知论。这实在是一种误解。我们承认世界的复杂性，承认我们当今认识的不足和相对性，恰恰是为认识的进步打开了大门。许多事实证明，绝对化、简单化的思想束缚，往往正是悲观情绪的根源。因为当人们用绝对化的思维方式形式的时候，就很容易陷入“死心眼”、“一根筋”的状态，而当客观事情不是按照他所认为的“规律”发展的时候，就很容易陷入难以自拔的困境之中，甚至走绝路。这并不是危言耸听。有历史知识的读者一定可以举出古今中外的无数例子。排除掉意识形态和其他种种因素，仅从思维方式上来说，在“日本历史上最漫长的一天”（1945年8月15日），在东京皇宫外死去的那些人不就是这样的情况吗？

无论是复杂性还是不确定性，都是需要我们在观察世界、思考问题的时候，认真加以思考和关注的、客观存在的事实。我们相信，梳理和强调这些理念，将有助于探索客观世界的规律、解决人类面临的种种问题。

3.5 两个相关的研究领域——博弈论和复杂网络

在结束关于复杂性研究的梳理的时候，还需要补充一点和相关学科有关的议题。这主要是关于它和博弈论、复杂网络的关系。

博弈论（Game Theory），或称对策论，也是在20世纪兴起的一个值得关注的学科。和系统科学类似，博弈论也是一门有着悠久历史，然而又在20世纪得到重新重视的学科。中国古代的“田忌赛马”就包含了博弈的理念，在西方也有不少类似的例子。从1944年，冯·诺伊曼和摩根斯坦的《博弈论与经济行为》开始，现代意义下的博弈论得到了迅速的发展，并且在经济和其他领域得到了相当广泛的重视。从诺贝尔经济学奖的得主中博弈论专家所占的比例，就可以看出人们的重视程度。

从系统科学的角度来看，博弈论之所以值得重视，关键在于它在理念上的创新。在近代科学的理念中，隐含着一个“一厢情愿”的前提，即在利益取向和价值判断上的一元论。比如在传统的优化理论和控制理论中，其隐含的理念就是：价值和利益的评估主体是唯一的、既定的。博弈论的基本理念就在于：当我们面对着一个存在多个不同利益的主体的系统中，“一厢情愿”的方案往往是行不通的、不可行的；现实的、切实可行的方案是博弈和讨价还价的结果，这样的方案对任何一方来说都没有达到自己想象中的、一厢情愿的最优解，然而却是切实可以得到实现的、真正可行的方案。承认和重视多种利益主体的存在，并以这样的客观存在作为思考问题的出发点，这就是复杂性研究和博弈论共同的基本理念。博弈论对此提出的一系列讨论思路和解决方法，对于系统科学、复杂性研究是非常重要的、非常有益的。

当然，也必须看到，现在的博弈论对于许多复杂性研究的议题来说，还是不够的。例如，对于跨越层次的、局部和整体的博弈，至今还没有理想的模型和方法。我们期待着博弈论的发展，为此提供更有效、更适用的模型和方法。

相对来说，关于复杂网络的研究是最近一些年才涌现出来的新的研究方向。网络的概念由来已久，但是作为单独的一门学问，却是相当晚的事情。一直到几十年前，才分别在数学和社会学中出现学科的萌芽。在数学中，它是作为图论和集合论的内容之一来研究的。在社会学中，对于社会网络的实证研究和统计分析成为今天社会网络分析的起点。但是真正引起学术界的广泛关注的是20世纪末的几项重要发现：无标度网络、小世界网络、六度分割现象等。从系统科学和复杂性研究的视角来看，最有意思的是各学科之间的共同的现象，也就是以网络形式表现出来的复杂系统的普遍规律。例如，无标度网络（Scale Free Network）的规律在生物化学中、在交通管理中、在社会网络中都有同样的表现。这就雄辩地表明，千差万别的各种系统的确是有共同规律的。作为复杂系统的一种形式，复杂网络是一种重要的、直观地、有效的表达方式和研究视角。从这种意义上讲，复杂网络的研究给复杂性研究注入了新的内容和方法，推动复杂性研究形成了一个新的高潮。此外，还有一点值得注意的。在复杂网络研究领域，统计物理学的一系列概念和方法得到了应用和发展，展现了新的研究方向，这也是令人欣喜、值得关注的。

当然，复杂网络是观察复杂系统的视角之一，而不是全部。从研究方法上来讲，它也是思路和方法之一。从研究的深度来说，如何摆脱传统统计方法中同质化的影响，也还是需要进一步探讨的。这方面的研究可以说是方兴未艾。我们期待着这个研究方向的进一步发展。

第四章　自然科学的启示

我们对于系统科学和复杂性研究的理解和认识，是从自然科学的变革和进步开始的。回顾一下这一百多年来科学和技术的发展过程，不仅可以使我们对于宇宙和社会的理解更加深入、更加全面、更加接近实际，而且可以大大加强我们对于人类理性的信心。无论世界多么复杂，无论认识的道路是多么复杂，文明进步的大趋势是没有疑问的，人类的前途是光明的，悲观的、无所作为的态度是没有根据的。在这里，我们不是专门讨论科学史，而是着重梳理思维框架的转变，从而为把复杂性研究的理念引入经济系统提供启示，增加信心。

4.1 近代科学的回顾

近一百多年来的科学进步，从思维方式的角度来看，正是对于近代科学思维框架的不断突破和提升。

我们这里所说的近代科学，主要是指以欧洲为中心的、从文艺复兴开始的这个地理范围和历史阶段中的科学。如果从弗朗西斯·培根算起，大约经历了三百多年的时间。如果按照传统的历史分期来说，大约就是所谓的工业化时代，根据历史资料，不管是从经济的发展水平和进步速度来比较（比如，按照人均GDP来比较），还是按照人口总量和平均寿命来看待，这都是人类历史上前所未有的大跃进。（具体的资料和数字可以参看安格斯·麦迪森的名著《世界经济千年史》一书，见2003年北京大学出版社的译本。）各行各业的学者们对于这个现象有种种不同的诠释和说明。不管这些看法有多么巨大的差别，人类进步的大跃进这件事实是毫无疑问的。

作为这个时代的精神支柱和物质基础，近代科学（包括社会科学和自然科学）的作用是不容置疑的。这种作用包括精神的解放和物质基础的提供两个方面。在前一方面，哥白尼、布鲁诺、伽利略等一大批勇敢的思考者，用自己的智慧、行动以至生命挑战统治欧洲（当时的世界范围）上千年的神学经典，宣告了思想解放的春天的到来。在后一方面，瓦特、法拉第、爱迪生、贝尔等几代天才的实践家，先后为人类提供了从蒸汽机到电动机、从电灯到电话等现代人不可须臾离开的技术和设备。在工业时代技术和经济大发展的基础上，人口急剧增长，人的活动扩展到了地球表面的所有角落，人类已经成为一个统一的、不可分割的整体。这个整体不只是在生物种群意义上的整体，更重要是在自觉的、高效率的分工合作的基础上形成的，从而能够成为地球主宰的有机整体。这是从来没有过的事情。对于这一进步无论给予多高的评价都不算过分。

创业者们大抵都没有时间或机会去归纳总结、形成体系。他们的历史使命是开拓。整理成果，由表及里，深化提炼，形成符合一定的逻辑和理念的体系，则是后继者们的任务。担当起这个任务的首先是牛顿。牛顿在第谷的观测数据和开普勒的总结归纳的基础上，充分地运用了逻辑和数学的工具，形成了经典的力学理论体系，（关于数学，更确切地说是牛顿为了物理的需要，发展和创造了新的数学。对此后面还将进一步深入讨论。）这个体系达到了简明、优美、漂亮的高峰，堪称完美无缺的典型。由此开始，其他许多学科也争相效仿。公理化、数学化一时间成为了科学成熟的标志。到了19世纪末，这样的发展趋势，已经覆盖了几乎所有学科领域，包括经济学在内。

4.2 现代科学的兴起

物极必反，理论到了接近尽善尽美的完美境地，也就是它即将面临挑战和质疑之时。时间进入20世纪，以牛顿力学为典型和楷模的近代科学开始遇到了质疑和挑战，就像在三百多年前一样。不同的是，这次受到挑战的不再是中世纪的神学，而是近代科学本身。在这三百年中形成的理论体系和思维框架，反映了工业时代的进步成果，也不可避免地带有时代的烙印和局限性。当人们的眼界和活动范围进一步扩大的时候，这种烙印和局限性就会逐渐暴露出来。这是很自然的、必然的，没有什么值得奇怪的。

挑战首先来自近代科学的核心领域——物理学。用维纳的话来说："20世纪的发端不单是一个百年期间的结束和另一个世纪的开始，它还标志着更多的东西。在我们完成政治的过渡之前，…… 人们的观点早就有了真正的变化。这个变化也许首先是在科学中表露出来，但这个影响过科学之物，完全可能是独自导致了我们今天在19世纪和20世纪的文学和艺术之间所看到的那种显著的裂痕。"（见《人有人的用处》序言，第一段，第3页。）1900年，普朗克提出了量子说；1905年，爱因斯坦提出了狭义相对论。这两件事就像重磅炸弹，动摇了经典物理学，乃至整个近代科学的理论大厦。认为牛顿发现的物理学定律可以在任何场合、任何尺度上都适用的绝对化的理念，从根本上遇到了挑战。实验证据已经表明：在不同尺度上，物理运动就是遵循不同的物理规律。宇宙要比牛顿的描述更加复杂。关于这点，霍金的《时间简史》中有明确地说明。至于是否存在更为一般的理论，能够概括这三者（牛顿力学、量子力学、相对论力学），至今物理学家们还在探索。

说到霍金的著作，马上就涉及宇宙学，即我们从前所说的天文学。我们这一代人上中学的时候，接受的还是无始无终、循环往复的宇宙概念。但是，今天我们已经确切地知道，宇宙，至少我们能够实际观察到的宇宙，是有一个起点的，而且已经可以相当准确地估算出其年龄大约是137亿年。（详见霍金的《时间简史》。）

其实，类似的变化在很多学科中都已经出现。生物学和考古学可以作为典型的例证。DNA的发现，使生物学的研究进入了工程化的阶段，这在以前是无法想象的。世界范围的人类基因研究、遗传工程的提出、转基因引起的争论，在近代科学的思维框架中简直是无法定位的。最近再一次引起人们关注的对于达尔文主义的争论也说明了生物学的新的发展趋势。考古学是人类对于自己的过去的认识。这一百多年来，我们对于“我们从何而来”这个问题的回答，已经有了巨大的变化。现代科学技术的发展，已经使考古学越来越能够提供科学的证据和成果。比如，我们今天已经能够相当确切地表述，人类祖先是怎样从东非出发、经过怎样的路线，到达中国，到达美洲。DNA 技术和家谱研究的结合，使我们得到更多的证据，区分真伪，还原历史的真相。特洛伊城真有吗？关于夏商周时代的流传哪些是真实的？欧洲的尼安德特人是灭亡了还是和非洲来的移民融合了？所有这些，我们今天已经可以有实际的、直接的证据进行研究和讨论了。由于这些成果和进步，我们对于人类的过去有了更多的了解，一些观点和认识已经发生了根本性的变化。

4.3 新的理念的涌现

即使我们不涉及具体学科的理论和内容的变化，单就一系列基本理念来说，这一百年来的变化就是带有根本性的。

首先是统计方法的深入使用，进而导致对于不确定性的重新认识。上面所提到的维纳的《人有人的用处》一书中，对于这种变化作了如下的描述：“牛顿物理学曾经从17世纪末统治到19世纪末而几乎听不到反对的声音，它所描述的宇宙是一个其中所有事物都是精确地依据规律而发生着的宇宙，是一个细致而严密地组织起来的、其中全部未来事件都严格地取决全部过去事件的宇宙。这样一幅图景决不是实验所能做出充分证明或是充分驳斥的图景，它在很大程度上是一个关于世界的概念，是人们以之补充实验但在某些方面要比任何能用实验验证的都要更加普遍的东西。我们决计没有办法用我们的一些不完备的实验来考察这组或那组物理定律是否可以验证到最后一位小数。但是，牛顿的观点就迫使人们把物理学陈述得并且用公式表示成好像它真的是受着这类定律支配的样子。现在，这种观点在物理学中已经不居统治地位了，而对推翻这种观点处理最多的人就是德国的波尔兹曼和美国的吉布斯。”（见《人有人的用处》序言，第二段，北京大学出版社，2010年，第3页。）我们在这里不避冗长，引了整段话，目的是引起大家对于这种观念转变的重视。请注意，维纳的这段话是在20世纪五十年代针对物理学写的。现在又过去了近六十年。维纳所描述的观念转变过程，还在继续深入，并且向社会和公众扩散，其影响已经远远超出了物理学，超出了学术界。如果把“物理学”换成“经济学”，把牛顿换成亚当·斯密，情况是多么相似啊！

另一类典型的例子就是一些“非此即彼”的二分法，已经被更加符合实际的理念所代替。例如：关于光的粒子说和波动说。人们曾经为此进行了几个世纪的争论。今天科学家们的共识则是：光既是粒子又是波；它在这个场合表现出粒子的性质，在另一个场合则表现出波的性质。这就是客观情况。宇宙并不受“非此即彼”的二分法支配，而完全可以出现“亦此亦彼”或“非此非彼”的情况。关于连续和离散的对立，也呈现出类似的情况，这里不再详细说明。

前面我们曾经提到过对于多样性的认识，即承认世界在质的意义上的复杂性。在这个方面，几何学的发展历史可以说是一个典型的案例。人们早就对于欧几里得几何学中的平行公理心存疑虑，但是一直苦于找不到出路。其实原因就在于人们被约束在只承认平直空间的传统思维框架里，无法自拔。19世纪中叶，事情开始有了转机，非欧几何的思想开始萌芽，人们开始认识到存在着不同类型的、遵从不同的几何规律的多种空间。但是在当时的大气候下，这些萌芽得不到普遍的承认和传播。然而到了20世纪，当物理学提供了具有说服力的证据的时候（典型的是水星凌日的成功观测），人们终于冲破了平直空间的局限，承认了这样一个客观的事实：空间形式可以是多种多样的。平直空间只是可能的、各种各样的空间之一，弯曲的空间也是客观存在。这一进步有力地支持了世界在质的意义下的多样性和无限性的理念。

4.4 数学的变革

谈到科学的变革，数学是不能不提到的。在近代科学中，数学起了巨大的作用，以至人们把运用数学的程度当作学科成熟程度的标尺。另一方面，各学科的应用也大大推动了数学的发展，微积分的产生就和物理的进步有不可分割的联系。在公理化的发展方向上，19世纪的数学也可以说是走到了极致。1900年的巴黎数学大会上，希尔伯特提出了23个问题。按照他的看法，解决了这些问题，数学的理论大厦就可以最终完成了。然而，一百多年过去了，数学的蓬勃发展远远超出了所有人，包括希尔伯特的预计。哥德尔定理的证明，雄辩地展现了客观世界的层次性和无限性，没有终极的、不能再扩充的公理体系。

对于分形有所了解的读者，对于分形展示的美妙世界一定会留下深刻的印象。其实分形的出现也是20世纪科学史上的一段佳话。以研究分形闻名的著名学者曼德勃罗，给《课堂里的分形》（*Fractals for the Classroom, Springer-Verlag, New York*, 1991）一书撰写了一篇前言，题目为“分形和实验数学的重生”（“Fractals and the Rebirth of Experimental Mathematics”）。在这篇文章中，他以亲身的经历回顾了数学研究理念在20世纪中的变化。在近代科学的框架内，数学界曾经把公理化当作主要的，甚至唯一的研究方向，而在很大程度上忽视了实验和计算的作用。然而，分形的发现向人们展示了一个全新的、更加广阔的天地。回过头看，原来我们所研究的数学对象（正方形、三角形、圆等）实在是太简单了；自然界里的形状是如此的丰富多彩，远远超出了我们在以前所作的归纳。因此，曼德勃罗利用新的计算工具——现代电子计算机，用实验的方法，把我们引进了这个新的天地。这一转变不但重新确立了实验方法在数学中的重要地位，而且给我们关于世界的复杂性的理念，又增添了一个极具说服力的例子。

简单地说，我们认为数学和整个科学一样，也是在不断发展和进步的。不应该用固定的、僵化的观点看待数学和对数学的应用。对此，冯·诺伊曼曾有非常精辟的论述。他在七十年前就曾经指出：“当一门数学学科远离其经验本源的时候，……它就会受到严重危险的困扰。它将变得越来越纯粹地美学化，越来越纯粹地‘为艺术而艺术’。……存在着一种严重的危险，那就是这门学科将沿着阻力最小的线路发展，使远离源头的小溪又分成许多无足轻重的支流。而这个学科则变成一大堆无组织的细节和错综复杂的事物。”“每当到了这个阶段，在我看来唯一的补救措施就是为了恢复活力而返本求源，也就是或多或少地注入直接经验思想。”（以上两段引文可以参看《数学在科学与社会中的作用》一书，该书是大连理工大学出版社出版的冯·诺伊曼文集，引文见该书的第165—166页。）

我们完全可以把冯·诺伊曼对于数学发展的担忧，和上面所说的近代科学的思维方式联系起来。而他说的“返本求源”，“注入直接经验思想”，恰恰就是我们希望强调的，承认和正视客观实际的复杂性，而不要只是追求理论体系的完美，即所谓“唯美主义”和“为艺术而艺术”。

在经济学界，近年来人们已经对于数学方法的不适当的运用提出了质疑。正像前面已经引用过的，许多学者早就指出，设定一些过分简化的假设，然后脱离实际进行数学推演，是会把经济学的研究引入歧途的。如果说冯·诺伊曼对于数学本身都已经提醒我们不要脱离实际，那么作为一个应用领域，经济科学的研究就更需要牢记从实际出发的基本要求，千万不要陷入空洞的数学游戏。近代科学中物理和数学的相互促进和共同发展倒是一个很值得研究的成功案例。我们期望着经济和数学之间的类似的互动和共同发展。

4.5 系统科学与系统工程

系统科学和系统工程本身的发展历程，也是理念变革和深化的一个典型事例。在20世纪三十年代，贝塔朗菲举起复兴系统科学的旗帜的时候，关于系统和复杂性的理念还是比较笼统的。四十年代，维纳提出了控制论，引入了信息和控制的概念，香农给出了定量的度量方法，他们的奠基性的工作充实和深化了系统的概念。这种理念上的进步使得系统的理念得以实施，带来了系统工程的应用高潮。从曼哈顿计划到阿波罗登月，以至中国的两弹一星的成功，都是这种理念的实施和验证。这个阶段的重点是工程组织管理的领域，所谓的复杂系统主要是大型的、复杂的机器及其设计制造的过程。到了七十年代，人们的注意力扩展到了更大、更复杂的系统，例如激光等。这些系统不但规模巨大、元素众多，而且行为规律也不同于机器和工程项目，例如自组织现象等。于是科学家们把统计物理、热力学的一些思想与方法运用到了对于系统行为的研究之中。这就产生了耗散结构理论、协同学等新的学科。在这里，系统和复杂性的概念得到了进一步的充实和深化，特别是自组织、涨落等概念的引入，使人类对于确定性和不确定性的辩证关系的认识、对于个体行为和整体现象的内在联系的认识，又上了一个台阶。到了九十年代，美国学者霍兰进一步提出了“复杂适应系统理论”（CAS理论），把注意力转到由“活的主体”组成的系统，明确地指出，在这样的系统中，“个体的适应性行为导致了整体的复杂性”，从而把适应、学习等概念提高到了演化机制的关键地位。所有这些进步，都是指向同一个方向：重视复杂性，开拓新视野。显然，就是在系统科学本身的范围内，对于复杂性的理解也是在不断地深化和发展。

4.6 小结和启示

通过上面的简单介绍，我们可以得到不少启示。首先，我们可以感受到，人类确实是处在大变革的时代，除了技术、经济、文化、社会之外，这种变动还包括了科学思想和理念的深刻变革。这里说的科学理应包括社会科学在内。自然科学已经开始了，而且还在继续经历着这样的变革。社会科学的变革还会遥远吗？我们期待着社会科学赶上自然科学。其次，这种变革的核心是思想方法和基本理念的变革。按照我们的理解，这主要就是突破简单化、绝对化、静止的思想束缚，切实承认和重视世界的复杂性。最后，这样的回顾给我们以乐观和信心。一百多年前，自然科学的大厦似乎已经是完美无缺、接近完成。然而正是在这种时候，转机出现了。虽然一时间“物理学危机”、“数学危机”之类的说法喧嚣一时，然而，曾几何时，这些学科很快就迎来了“柳暗花明又一村”的局面，进入了全新的发展阶段。危机其实就是“黎明前的黑暗”、“飞跃前的混沌”。我们对于社会科学，包括经济科学的前景，是乐观的。

在结束本节的简单说明之前，还需要说明一个重要的问题：社会科学和自然科学的区别和联系。对于这个问题，我们只简单地重复两点。首先，我们相信，人类文化是一个整体，无论是对于社会的认识，还是对于自然现象的认识，主体都是人。所以，“隔行不隔理”，在基本理念和方法论上应该是相通的。关于复杂系统和复杂性的理念就是这种相通的具体内容之一。其次，相通不是相同，“隔行如隔山”也是实际情况。所以，照搬在学科之间是不可以的。我们提倡的是借鉴和启发，“它山之石可以攻玉”也是对的。具体到自然科学和社会科学的区别，索罗斯关于“反身性”的说明值得参考。他认为，根本的区别在于社会科学中认识对象和影响对象这两件事是交替进行的，（用我们习惯的说法就是认识世界和改造世界。）因此认识主体和被认识的客体是无法截然分开的。这就造成了两者的根本差异。在从自然科学中吸取借鉴和思考的时候，这是需要特别小心的。（关于反身性，可以参看上面提到过的《这个时代的傲慢与无知》一书。）

第五章　关于科学研究的方法

上面的讨论已经表明，我们的注意力集中在研究科学的方法上面。所谓方法论，无非是说应该怎样研究以及如何判断是非两件事情。我们来分别讨论一下这两件事情。

5.1　演绎和归纳

关于前一个问题，历来存在着两种基本的方法——演绎和归纳。讲具体一点，一种依据逻辑推理得出结论的方法，另一种是立足于收集案例和数据的方法，即用归纳的方法得出结论。这两者是人类知识进步的两条腿，借用一本书的名字，它们是《知识的拱门》（奥尔德罗伊德，《知识的拱门——科学哲学和科学方法论历史导论》，商务印书馆，2008年）的两根支柱，缺一不可。

在人类历史包括科学史上，归纳方法曾经是普遍的、最自然的思路。人们在生产活动和社会活动中，有成功的，有失败的，根据这些案例和经验，人们对于事情的规律得出自己的结论，这就是归纳。所谓“前事不忘，后事之师”就是这个意思。然而，随着科学的进步，人们开始认识到归纳方法的局限性。从个别的、有限数量的案例，到一般的规律之间，存在着无法跨越的鸿沟。一个人吃了香灰以后，病好了。这能说明什么呢？能得出结论“香灰可以治病”吗？记得在中学学习数学归纳法的时候，老师讲了一个故事：一只公鸡每天早上得到一把米，它就认为每天早上都会得到一把米是永恒的规律，然而，到了第31天，它被杀掉了。所以，对于归纳方法的不适当的使用，即不完全归纳法，被讥为“公鸡归纳法”。

于是，人们转向逻辑推理，即演绎的方法。这种方法的基础是公理体系，即从若干有确实保证的基本命题，即公理出发，根据有确实保证的推理规则进行推理，从而保证结论的正确。我们在中学就学过的数学归纳法即为一例。这样的方法解决了不完全归纳法存在的问题，（在一定的意义上）成功地跨越了从有限到无限的跨越。在近代科学的三百多年中，这种方法被推到了极致，以至被认为是从事科学研究的唯一正确的方法。归纳方法则被认为是不科学的、不足道的原始方法。这种观点在数学中发展到极点，就是前面提到过的“希尔伯特论纲”。

然而，又是物极必反。哥德尔定理被证明的事实清楚地表明，任何公理体系都不可能同时具有完全性和无矛盾性。有意思的是，这个定理的证明恰恰就是基于数学和数理逻辑的公理！对于哥德尔定理的哲学意义的争论至今还在进行之中。没有疑问的是，世界在这里又一次向我们展示了它的复杂性，又一种意义上的复杂性，也可以称为世界在逻辑层次上的无限性。而这一发现的实际后果之一，就是归纳方法的重新兴起。上面提到的曼德勃罗所说的“实验数学的重生”是一个例子，MBA 教学中兴起的案例教学则是另一个例子。

历史表明，作为科学研究、寻找真理的方法，归纳和演绎确实是科学拱门的两根支柱，它们共同支撑起科学的大厦。

5.2 真理的标准

与此相联系的另一个问题是检验真理的标准。这个问题与如何寻找真理有联系又有区别。我们暂时把这个问题表述为：逻辑和实践，哪一个是检验真理的标准？

其实，如果要作为唯一标准，这两者各有各的难题。

如果偏重于归纳，或者强调“实践是检验真理的唯一标准”，那就会面对这样的质疑：实践是无止境的，你怎么知道这次的实践达到了预期目的，下次还会达到预期目的呢？一时一地的、个别的、少数人的实践与长期的、历史的实践是不是应该有所区别呢？这实在太含糊了。历史在前进，许多事情根本不可能再现或实践，那怎么判断是非呢？（比如现在一些人说，如果没有文化大革命就会怎样怎样，这有什么意义呢？）按照波普尔的理论，关键性的证伪实验可以否定一个观点，但是一个肯定的实验却无法保证一个论点的正确。你举出了100个成功的案例，并不能保证第101个案例还是成功的。这是归纳法的根本性质决定的，也是人必然会受到时间、地点、条件限制所决定的。我们需要区分个人的、这一阶段的实践和作为人类历史的整体的实践。“实践是检验真理的唯一标准”这个提法，如果排除掉“文化大革命”结束时的具体的社会政治背景，从原则上来说确实是经不住推敲的，至少不能说是“唯一”的标准。

如果偏重于逻辑，强调“逻辑是检验真理的唯一标准”，同样也会遇到类似的质疑。你如何证明你进行推理的起始点，即你所依据的公理和推理规则的正确性，的确是“有确实保证的”呢？“过直线外的一点只能做一条平行线”，“大地是平的”，“对于不同的参照系光速是不同的”，不都曾经被认为是“不言而喻的”、“有确实保证的”真理吗？再加上哥德尔定理揭示的形式逻辑体系本身的内在的、固有的不确定性，恐怕就更难以作为“检验真理的唯一标准”了。（需要说明的是，对于逻辑也有多种不同的学说和解释。这里主要说的是形式逻辑。其他逻辑，例如辩证逻辑和模糊逻辑，由于其本身的不确定性，更难以成为判断真理的标准。）

总之，我们不赞成提一个“唯一”的标准。在科学研究上还是费阿班德的意见比较可取，少一点绝对化的、非此即彼的评价指标，多一点自由讨论可能会更有益。

关于上面的讨论，还有一点需要说明的，这就是实践和实验的区别。这可能有点咬文嚼字。在英文中，这两者是两个完全不同的词，practice 和 experiment。前者是广义的人类活动，后者则是有目的的、有计划的研究者的活动。前面的讨论主要是对于实践而言的。至于实验，可以认为是实践的一种形式或一种类型。在大多数自然科学中，可重复的实验的确是非常重要和有效的判断真理的手段，特别是在突破旧的逻辑框架的关键时刻，科学史上不乏这样的案例。然而，即使在自然科学中，也不是所有事情都是可以重复实验的，在生物学中、考古学中、宇宙学中都有这样的事情。至于社会科学就更不用说了。所以，把实验作为判断真理的标准就更有局限性了。

在经济学中，也有实验经济学这样一个研究方向，但是这只是在一定意义上的模拟或仿真，与自然科学中的实验是有本质区别的。作者从20世纪九十年代开始，就对于实验经济学进行了探索，与该领域的学者，例如弗农·史密斯（Vernon Smith）教授等进行过颇有启发的直接交流。这个学科无疑是非常有意义的、非常有趣的。限于本书的主题，在这里只是简单地对其定位，而不是深入展开讨论。

回到发现真理、检验真理的问题，还需要明确相对真理和绝对真理的区别。我们所说的发现和检验真理，其实都是相对真理，而不是绝对真理。讲详细一点，就是判断某个命题在此时此地的正确性，至多是在现在可以预见的时间、场合、条件下是否符合实际。在传统的思维框架中，某个规律一经发现，就放之四海而皆准，就一劳永逸地保证了其正确性和适用性。这就把人们认识到的真理绝对化了。对真理的相对性的承认，其实是承认复杂性的直接推论。还是那句话，世界是复杂的，在质的意义上也是无限的。既然如此，有什么理由认定，我们在此时此地的认识（不管是从归纳得到的，还是从演绎得到的）不需要有一定的适用范围呢？这并不是什么深奥的道理，只不过需要承认我们自己的认识的相对性而已。

5.3 结束语——要梯子不要笼子

人类认识世界的历史就像在攀登一个没有尽头的梯子。人们每上一个台阶，视野就得到一次扩展。每一个时期的理论，就是一层阶梯。理论之所以必要，就是因为我们需要总结经验，从过去的经验中（不管是用归纳的方法还是演绎的方法）抓住规律，指导实际的活动。但是，如果我们不是把它当作梯子的一个台阶，而是作为“终极真理”，那么，这样的理论就不再是梯子，而是束缚思维的笼子了。我们要的是梯子，不是笼子。这就是我们对于理论研究方法和标准的观点，也正是我们强调重视复杂性的原因之一。

近来关于大数据的讨论十分热烈，这是信息技术应用的一个重要进展，除了各种实际应用之外，大数据对于科学研究的作用也成为人们关注的热点之一。和我们这里讨论的发现真理、检验真理的议题相联系，我们可以明确以下两个基本观点。

第一，现代信息技术提供的海量数据，为科学进步提供了发展的重要基础和有利条件，我们应该积极地抓住这个机会，推动科学研究的进步。对于经济学来说，这一点是非常值得关注的。1944年，冯·诺伊曼在他和摩根斯坦的名著《博弈论和经济行为》一书中，曾经这样评论过经济学的状况："鉴于经济学家们对其所处理的问题的认识非常有限，而且对有关事实的描述又很不全面，所以经济学是一门太过困难的科学，绝不可能很快就建立起来。只有那些不了解这种情况的人，才有可能试图建立统一的经济理论体系。"（转引自前面提到的文集《数学在科学和社会中的作用》，第54页。）"我们对于经济学中有关事实的认识太少了，根本无法与完成物理学的数学化时人们所掌握的物理学知识相比。事实上，17世纪的物理学，尤其是力学，之所以会出现决定性的转折，是由于此前天文学的发展。而天文学的这种发展，是以几千年系统、科学的天文观察为基础的。到了才华超群绝伦的天文观测者第谷时，这种天文观测达到了顶峰。在经济科学中，没有任何类似事件发生。在物理学中，设想没有第谷而出现开普勒和牛顿是荒唐的——我们没有理由希望经济学的发展会比物理学的发展更容易。"（见上书，第58页。）从冯·诺伊曼写下这段话，到现在又过了七十年。这七十年来，我们可以看到，经济学的"决定性的转折"还远远没有实现。但是，大数据的出现的确可以和第谷的工作相比拟。我们相信抓住这个机会，就有可能使这样的"决定性的转折"来得更快一些。

第二，但是，从另一个方面看，我们需要防止用对量变的研究取代或掩盖质的差别的偏向。千万不要以为只要有了海量数据，就可以不必进行概念和质的研究了。这种情况在经济学和其他学科中是的确存在的。典型的就是把统计方法的作用过分夸大。要知道，统计方法的隐含前提就是同质化。我们还是引用冯·诺伊曼在《博弈论和经济行为》中的一段话："用精确的方法处理根本就不明晰的概念和问题是毫无意义的。因此，要想用精确的方法处理经济问题，第一步是通过更细致的描述工作澄清人们对事物的认识。"（见上书，第58页。）"在经济学的某些分支里，最有成效的工作也许是耐心的解释描述；事实上，在目前和今后一段时间内，这种工作将占经济学研究的绝大部分。"（见上书，第54页。）一句话，重视质的研究，认真研究现实情况，多做一些冯·诺伊曼所说的"耐心的解释描述"的工作。

这篇导言已经太长了，我们已经从现实背景、理论现状、复杂性研究的理念、自然科学的启示以及一般的方法论等五个方面作了准备。在下面的第二部分中，我们就开始来具体地进行冯·诺伊曼所说"耐心的解释描述"吧。

第二部分

阅读与思考

我们在第一部分进行了一次从现实到理论的简要浏览。这可以说是从外部观察经济科学的环境和现实状况。这里说的外部是指从社会公众的直观感受；从自然科学工作者和技术人员的外行视角；从传统理论的批评者的观点进行的评述。这种观察的结论，简单地说就是两句话：传统的经济理论与现实的社会和经济状况不相适应；这种不适应，在认识论上的根源在于近代科学的静止的、简单化的、绝对化的思维方式。

毫无疑问，这样的议论只是一种直觉，还不是真正的学术研究，虽然它是人们的直接的、朴素的感觉。要进一步探讨，就必须深入到传统经济理论的核心内容和基础理论中，从这些理念的历史渊源开始研究。我们参与的《中国经济向何处去》（中国信息经济学会，社会科学文献出版社，2012年）一书问世后，有的朋友就指出："你们提出了问题，没有给出答案。"的确如此。有鉴于此，我们对于经济学理论的部分经典著作和当下的经济学教科书，进行了研读，试图给出部分的、探索性的回答。所以这部分名为"阅读与思考"。之所以名之为"思考"，是因为不敢妄谈"反思"、"超越"或"颠覆"，只是提出一些思考，顶多是补充，而不是"反向"或"否定"。显然，完整的答案是不可能在一本书中完整地呈现的，我们提出的只是一些初步的思考。这就是这一部分的由来和初衷。

基于这样的情况，各章都是围绕经济理论的某一核心议题展开。每一章的内容包括三个层次：前人的研究或表述，即阅读的部分；从复杂性思维的视角提出的质疑和思考；进一步研究的方向或建议。

第一章　对于分工合作的思考

经济理论的核心议题是分工，这大概是经济学界内外的一个基本共识。我们的讨论就从这里开始。不过我们想把这个提法略微修改一下：经济理论的核心议题是分工合作。其理由容我们在后面详细解释。

不久前去世的著名经济学家科斯说过："我相信经济增长的秘诀是分工，研究分工就必须考察真实世界。过去半个世纪以来，我一直在呼吁我的同行们从黑板经济学回到真实世界。不过没有什么效果，我的同行们似乎不大愿意听我的劝告。中国有那么多优秀的年轻人，那么多优秀的经济学者，哪怕只有一少部分人去关心真实世界，去研究分工和生产的制度结构，就一定会改变经济学。我始终对中国寄予厚望！"（见"科斯对于中国经济学家的十条建议"，来源是网上的整理的材料。原始出处待查，但是意思应该是符合科斯的观点的。类似的表述可以参看科斯的《变革中国——市场经济的中国之路》一书，中信出版社，2013年。）

另一位著名经济学家布坎南在纪念杨小凯教授时说："一点也不夸张地讲，杨小凯跳过了多年带有误导性的经济学分析，把我们带回亚当·斯密那里，领略斯密的基本洞见，并且富有想象力地运用现代分析技术，重新对斯密的思想进行阐述。杨小凯的贡献由此深入到经济学的核心领域。"（布坎南，"致杨小凯：一个经济学者的敬礼"，载于张五常等《站在经济学的高坡上——杨小凯纪念文集》中信出版社，2009年，见该书第5页。）

上述两位诺贝尔经济学奖得主的意见是十分深刻、十分尖锐的，也是很有代表性的。我们在这里要强调的是以下两点：经济学应该着重研究分工，或者按杨小凯的提法——专业化，但是当今的经济学界偏离了这个中心议题。正因为这样，有的经济学家（例如张五常）甚至认为从亚当·斯密之后，经济学就没有什么可读的了。所以我们的阅读和思考也就从这里开始。

1.1 传统的经济学研究和教育忽视了对于分工的研究

为了验证上述看法，我们重新阅读了《国富论》，并收集和阅读了若干种得到广泛使用的经济学教科书，其中最具有代表性的是：萨缪尔森主编的《经济学》和高鸿业主编的《西方经济学》，相关的阅读还包括《简明帕氏新经济学辞典》（中国经济出版社，1991年）。不需要进一步说明，这些就是今天的经济专业大学生和研究生的最主要的经济思想的来源，其影响之深、应用范围之广是绝对没有疑问的。

仔细阅读了这些文献，我们可以清楚地看到，它们讨论了从微观到宏观、需求和供给、生产和成本、竞争和垄断、一般均衡、国民收入核算，直到经济增长和经济周期等众多议题，唯独没有分工这个题目。显然，对于在这样的教育下成长起来的经济管理专业的学生来说，社会的分工是固定的、从来就是如此的既成事实和研究前提。他们既不会提问：人类怎么想起来要分工的，也不会考虑今天的分工和二百年前的分工有什么区别和变化。只有讲经济思想史的老师才会提起亚当·斯密当年对于分工的论述，而所举的例子也还是那个制造大头针的手工工场，就像政治经济学里的用斧头换羊的例子一样。

正因为这样，科斯呼吁同行们回到现实中去，他自己还身体力行地观察和分析中国改革开放的实际。这正是值得我们深思的。在这里，我们只是想强调，经济科学如果不摆脱科斯所说的“黑板经济学”、不摆脱布坎南所批评的“误导性的经济学分析”，就不可能摆脱当前的困境。

回到我们的议题上来，我们通过这样的阅读得到的启发就是：很有必要回到亚当·斯密，看看他是怎么讨论分工的，以及在他之后，经济学家们对于分工又有哪些进一步的考虑。

1.2 亚当·斯密关于分工的论述

亚当·斯密关于分工的论述集中在他的《国富论》的第一编前三章。（亚当·斯密《国富论》，陕西人民出版社，2001年，上册，第7—26页。）概括地说，他讲了下面的三层意思。

首先，“分工创造财富”，用我们今天习惯的话来说，就是分工提高了效率。熊彼特写的导读中对此评论说：“无论在斯密之前还是斯密之后，都没有人想到要如此重视分工。”（见该书第5页）这确实是切中要害的。在斯密之前，人们都以为“金银是财富”，所以，斯密指出这点是具有开创性的。至于说，在斯密之后，人们还不重视分工，那就是后继者们的思想方法有问题了。至于为什么分工能够创造财富，斯密给出了三条理由：工人的熟练程度的提高；节约了转换工作的时间；推动了机器的发明。（其中就讲了著名的大头针工场的例子。）

其次，人们为什么要分工？斯密的回答是：它是人的交换本性的必然结果，简单地说就是“交换导致分工”。对于这一点，他自己似乎并没有多大把握。他含含糊糊地说：“这种倾向是不是人性中无法给与解释的最初本能之一；或者更有可能的是，它是不是理性和言语这种才能的必然结果，这不是我们现在所要研究的题目。”（见《国富论》，陕西人民出版社，2001年，上册，第17页。）对此我们下面会进一步讨论。

另外，分工受什么制约？斯密的回答是：“分工受到市场范围的制约。”对此我们也很有必要根据二百多年来的变化，提出新的理解和看法。

简单地说，这就是斯密对于分工的看法，即我们讨论的出发点。

1.3 斯密以后的经济学家对于分工的研究

有人认为，亚当·斯密以后对于分工的研究没有什么进展。我们不完全同意这样的看法，至少可以举出两个例子来说明对于分工的认识的进步。

科斯提出的“交易成本”就是一个重要的进步。斯密只说了“分工创造财富”，而没有进一步分析分工的代价。科斯的发现表明，除了创造财富之外，**分工还是要付出代价的**，从而从新的视角来观察和认识分工。而且，他还由此论证了企业形成的必然性和条件。这个进步无疑是突破性的，它不但为人们对于分工的理解和认识提供了一个新的视角，而且对于经济系统中新的层次、新的主体的出现提供了重要的启发。这一发现的意义是非常重大的。对此，确实值得深入讨论。

2004年去世的华裔经济学家杨小凯教授，在分工和专业化的研究上取得了重要的成果，得到了经济学界的高度评价。杨小凯用新的数学工具，对于专业化的形成条件和演化进程进行了深入地分析和研究，并由此内生出了一系列经济议题的新的理解。基于这样的方法，他和黄有光教授的《专业化和经济组织》（杨小凯，黄有光著，经济科学出版社，1999年）一书，对于许多经济现象进行了具有新意的深刻分析，推进了人们对于经济系统的发展规律的理解。正如布坎南所评价的，他把人们的注意力重新集中到亚当·斯密关于分工的出发点上来。

当然，这只是两个比较突出的例子。总的来说，经济学界对于分工的研究确实是非常不够的，这从上述教材和词典的内容就可以看出。这就和不断发展变化的社会经济现实无法相适应。我们所希望的，就是在这个问题上继续向前探讨。

按照斯密的思维逻辑，我们的思考将针对以下四个问题：分工产生的原因究竟是什么？从分工到分工合作，以及新的主体如何产生？制约分工合作的因素有哪些？深入研究分工合作的丰富内涵的迫切性和必要性。

1.4 “交换产生分工”吗?

我们从斯密的“交换产生分工”开始质疑。如上所述，斯密自己对于这个论断就已经有所迟疑。交换的前提是所有权，没有所有制就谈不上交换。众所周知，无论是私有制还是公有制都不是从来就有的，都是人类发展到一定阶段的时候才出现的。从现有的文献（例如，恩格斯的《家庭、国家和私有制的起源》）

来看，曾经有那样的时代，人们并没有“我的”这个概念。其实就是到今天，也很难将空气、环境这样一些东西简单地规定为“归谁所有”。显然，所谓“所有制”和“所有权”（ownership）只是在一定的阶段、对一定的事物才是有意义的。我们认为，需要承认“所有制”的概念在一定范围内才有意义，作为一个基本概念，它是相对的。所以，如果把“交换产生分工”作为讨论的起点，那么，经济人假设就已经隐含在内，也就无从谈起超越经济人假设了。

这样，我们就可以进一步发问，分工和所有权哪个在前、哪个在后？从现有的研究成果看，恐怕是分工在前。因为有研究表明，在动物世界里，就已经出现了分工合作。在著名作家刘易斯·托马斯的《水母和蜗牛》一书中（第一推动丛书，湖南科技出版社，1996年）介绍了这样一个有趣的例子。两种水生动物（姑且称之为水母和蜗牛，因为它们的名称实在太专业了）各有所长。在生命周期的不同时期，它们互相捕食，但是并没有完全吃掉对方，而是各得其所，在不同的时期各自发挥各自的作用。开始的时候，水母吞食蜗牛的幼崽，但是蜗牛并没有被消化，而是依附在水母体内吸取营养逐渐长大，并不断吞噬着水母的机体，直到蜗牛长大后，水母所剩下的部分就附属在蜗牛身上继续其生命。更有趣的是，尽管如此，这两种生物仍然照样各自传宗接代，繁衍生息，在那不勒斯附近的海洋中一代一代地共同生活着，它们的生命轨迹相互缠绕在一起，你中有我，我中有你。这就是所谓共生现象。由此作者提出了一个问题，这样的东西究竟是两个生物，还是一个生物？类似地，在生物进化的漫长进程中，从单细胞到多细胞的飞跃是如何实现的？从现在看来，似乎并不是从单个细胞分裂成多个细胞，而是由多个单细胞生物，通过某种共生机制，或者说“分工合作”形成了新的生物——多细胞生物。近期还有研究表明，在哺乳动物的群体中有相当普遍的“分工合作”现象存在。当然，超出人类社会这个具体的研究范围，“分工合作”的意义会有本质的不同，使用这个词也更多地是一种类比或隐喻的意思。

至少可以肯定的是，早在没有所有制问题的时候，就已经有分工合作了！如果我们认同分工的出现早于所有制和交换，那么分工出现的动力究竟是什么呢？

这就是我们需要思考的第一个问题。如上所述，亚当·斯密的这个论点正是经济人假设的基础。因为有了所有权的问题，才谈得上交换。亚当·斯密的论证其实隐含了所有制（特别是私有制）已经存在这样一个前提。所以，在古典经济学中以经济人假设为基本出发点，是必然的、不可避免的。

对于这个问题，我们的初步判断是：产生分工合作的动力是：追求更多的功能和更高的效率。讲得通俗一点，就是要做成某些分散的个体无法做到的事情，或者做得比分散的个体更多、更快、更好；而这里的功能和效率，既是对于个体来说，也是对整体来说的。换句话说，这种功能或效率，不是简单地对于个体来说的，主要是1+1 > 2的产物，是个体组成整体的过程中涌现出来的新的质。换句话说，这里的1和2可能根本是无法统一计算和比较的。所谓1+1 > 2也只是一种隐喻，并不只是数量上的含义。这种提高并不一定涉及交换，更多的是共享和共创。

这就和“交换导致分工”有了原则性的区别。如果同意做这样一个转变，那么，“等价交换”、“谁养活谁”、“谁创造了财富”等问题就都需要重新定义和考虑了，也就不存在目前经常需要考虑的计算和衡量各种要素的贡献的问题了。因为从根本上说，没有分工合作就没有这些新的功能和效率。如果非要问这是谁创造的，唯一合理的回答就是“共同创造的”。再往前引申一步，这就是工业社会和信息社会的理念的根本区别：零和博弈还是合作共赢。

1.5 从“分工”到“分工合作”

接下去，第二个问题就出现了：不是为了交换，为什么要分工呢？如上所述，我们的理解是为了合作，为了合作起来做本来做不成的事情，或者把做事的效率大大提高。因此，分工与合作是分不开的。所以我们建议把两者连在一起，称为分工合作。从系统科学的基本观点出发，1+1 > 2。人们之所以要分工合作，就是为了取得1+1 > 2的效果，就是为了实现系统的效应。例如，合作狩猎。单个的人追不上要抓的野兽，几个人合作，从不同的方向包围野兽，就可以成功地猎取这只野兽。这就是分工合作的结果，也就是新的质。在这里，并没有个体利益之间的交换，有的是整体的利益，而个体的利益也已经不可分割地包含在整体利益之中。这种情况不是交换所能够解释的，更谈不上等价交换。只有用系统科学的理念，从1+1 > 2的理念，从新的主体的出现的理念，才能得到合理的解释和理解。在这里，分工和合作是不可分割的，整体利益和个体利益也是不可分割的，你中有我，我中有你。这里并没有基于所有权转移的所谓交换。

其实，前面所举的水母和蜗牛的例子也是如此。还有一个有趣的例子。据说，有一种“怪蛇”，被切断后可以自己重新接起来。进一步的观察发现，其实这不是一条蛇，而是一群类似甲虫的动物，它们在需要的时候可以首尾相连接成一条“大蛇”。这里的情况同样是：关键在于有没有新的整体、新的质、新的功能出现。事情的实质在于，所有的个体进行了有效的分工合作，实现了它们分散的时候没有的功能和效率。于是，我们又遇到了刚才的问题，新的主体出现了。它有自己的规律和特征，这些规律和特征是不能用个体的简单相加推导和演绎出来的。个体的利益融合在整体的利益之中，你中有我，我中有你。我们认为，只有这样才能准确地、完整地理解分工合作，而不是简单地、武断地说是一种基于所有权转移的交换。所以我们建议，不要笼统地、简单地说分工，而是用“分工合作”这样一种新的表述。

1.6 分工合作的制约因素

斯密的第三个观点是“市场范围制约劳动分工”。这是完全正确的，而且其研究方法值得我们认真思考和学习。我们需要的不仅是斯密的论点和结论，更重要的是使用他的方法研究今天的中国实际。

斯密在《国富论》第一编第三章中已经给出了很精彩的论述，虽然这一章只有八个自然段，还不到五页。用复杂系统的语言来讲，这个论点可以表述为：“系统规模的量变导致新的质的产生。”这一章的第一句话就是：“交换能力引起劳动分工，而分工的范围必然总是受到交换能力的限制，换言之，即受到市场范围的限制。”（见《国富论》，上册，第22页。）请注意，这里已经出现了“交换能力”这个概念。对于交换来说，动力和能力是两个概念。关于动力在上一部分我们已经提出了不同的建议，在这一部分我们将着重思考能力的问题。

斯密接着说：“当市场很小时，没有人能得到任何的鼓励，去专门从事一种职业，这是因为，他没有能力去把他自己劳动产品的远远超出自己消费的剩余部分，去交换他所需要的其他人劳动的剩余部分产品。”（见《国富论》，上册，第22页。）前半句话讲的是动力，后半句话讲的是能力，这两者又是不可分割地联系在一起的。如果从动力来讲，市场规模就是需求的大小。没有一定的规模，就没有足够的需求，就没有出现专门的职业或岗位的动力。而能力则包括营销渠道（信息传递的能力）、物理运送（物流和交通）和结算手段（货币金融）三个方面。回顾改革开放三十多年来的中国社会经济情况，我们可以非常具体地感受到上述的两股力量和影响能力的三个方面。空前庞大的中国市场，不仅给中国人提供了极大的鼓励，给国际资本同样提供了前所未有的鼓励，这种鼓励能够摧毁任何意识形态的铜墙铁壁。而影响能力的三个因素，恰恰就是今天的互联网、现代物流和现代金融这三个热点领域。

《国富论》的第三章中除了第一段如上面所引的提出了这个观点之外，后面七段完全就是对于当时的分工状况的详细、具体的分析。我们不得不钦佩斯密的研究精神和实际态度。他从欧洲讲到亚洲、非洲，从企业内讲到国际贸易，从马车讲到水运，非常实际、非常具体。在二百年后的今天，在信息技术和基础设施空前发达的信息时代，情况发生了巨大的变化。我们需要的正是这样的研究态度，只不过对象已经不是马车和水运，而是全球配送和国际分工、网络营销和互联网金融。科斯希望中国经济学家做的，正是这样地从“黑板经济学”回到真实世界，正是对于影响着今天的市场的各种因素的现状的具体研究。

总之，我们对于斯密在第三章里的研究方法和态度是完全赞同的，并且认为当前我们很有必要认真学习斯密的这样的研究方法和态度，对于今天的中国市场进行实际的、深入地分析研究。如果我们能够对于阿里巴巴和京东的大量案例进行这样的分析，其丰富收获将是不可估量的。

1.7 “分工合作”的复杂内涵

由此引出了我们要讨论的下一个议题：“分工合作”的复杂内涵。如果把分工扩大到分工合作，那么迄今为止关于分工的各种讨论显然是过于简单化了。如果要使经济学摆脱困境，就需要依据信息时代的客观实际，认真地分析分工合作这种现象的复杂的、丰富的内涵。根据我们在第一部分第三章提出的关于复杂性的六个观察视角，直接的推论就是，除了亚当·斯密已经提出的三条，以及科斯的交易费用等已有研究之外，还有许多需要深入研究的议题。下面简单地列出其中的五个方面。

- 深入研究分工合作所形成的**新的主体——整体的功能和属性**。复杂性思维和传统思维的根本分野之一，就是是否承认整体是一个新的、不同于个体的简单聚集的主体。这可以说是一种理念或信念，而不是可以证明的命题。我们只能从大量实际的事例中归纳和验证它。

具体到这里所研究的分工合作的问题，作为一种新的实体，或者说主体，它的利益和价值取向是怎样的？与原来的个体有什么不同？一致在哪里？冲突在哪里？根据系统科学的基本理念，这种新的事物的属性是不能完全地从个体的属性演算出来的，否则就不是1+1 > 2了。从个人到家庭，从家庭到企业，从企业到行业和地区、国家，一直到全球经济，这种分工合作，这种个体和整体的复杂关系，这种局部和整体的利益纠缠和冲突，是普遍存在的，同时各层次之间各有各的特点。如此丰富多彩的现象，正是经济科学发展和进步的发展动力和源头活水。然而，传统的经济研究却对于所有这一切视而不见，在简单化的思维引导下，把分工合作这样一个复杂的事物简单化、绝对化、静止化，当然就无法对于实际情况得到正确的理解和认识了。

回过头来看，科斯对于企业本质的认识的突破，就在于他抓住了企业这个新产生的主体的本质属性，在内部成本和社会成本的权衡中，揭示了企业形成的奥秘。所以他告诫我们："经济增长的秘诀是分工，研究分工就必须考察真实世界。"这真是经验之谈。

推而广之，我们是不是应该实实在在地研究我们周围的、正在发生的、真实的分工合作现象，包括产业链、外包、国际分工、行业协会、专业合作社等等，特别是今天深化改革、电子商务、互联网经济中的新鲜事物。这些问题正是我们后面要多次提到和深入讨论的，在这里暂时不展开，只是提请读者注意隐藏在这个议题后面的丰富内涵。

- **深入分析各种各样的分工合作的特点和差异**。既然是新的质产生，那么各种各样的分工合作一定会有种种差异，不会都是制作大头针这样一种模式，也不是传统的制造业和生产线所能够包含的。分工合作的内涵和影响要广泛得多、深刻得多。深入研究各种各样的分工合作现象，对于我们建立信息时代的新的社会和文明具有非常重要的意义。总之，既要研究分工合作的一般规律，更需要研究不同类型的分工合作的特殊规律。下面简要地列举一些除了制造业和生产线之外的，我们认为十分重要的、值得深入研究的分工合作的类型。

例如：城市和农村的分工。从过去我们讲的消灭三大差别，到今天的新型城镇化，其实都来源于我们没有认真地从经济学的分工合作的视角去认识这个问题。从工业时代强调的分工，到信息时代强调的分工合作，我们对于城乡的关系是不是需要重新考虑？在城乡组成的这样的整体中，其全局利益和局部利益（包括城市的利益和乡村的利益）是怎样实现你中有我、我中有你的？

管理工作和职位的出现不也是一种分工合作吗？这涉及管理领域的基本问

题。如果我们把管理层的出现当作人类追求更高效率、更强功能的一种专业化和分工合作，而不是高低贵贱的话，我们的管理理论和方法必将产生巨大的变化。目前高层管理和普通员工收入的差距不断拉大的普遍趋势已经引起了国内外学术界和社会的关注。这种现象反映出传统的管理理论的缺陷，即把人当作“齿轮和螺丝钉”的习惯、把经营者利益和企业利益混淆的误解等等。如果我们能够把“合作共赢”和“共同创造”的理念包含到我们的管理理论的基础中，上述问题的解决就有可能得到根本性的突破。

类似地，物质产品生产和精神产品生产的分离，究竟是在什么时候发生的？我们长期希望消除的体力劳动与脑力劳动的差别，也与此有关，虽然这两者并不是一回事。人类是在什么时候开始需要专业的讲故事者、作家、演员？这个问题是很值得研究的。从根本上说，人究竟要什么？在吃饱穿暖后，人的需求是什么？球迷和追星族的需求是什么？红酒和奢侈品市场满足的是什么需求？这个议题涉及的方面很多，这里只就分工合作的视角提出思考。这难道不是一种特定的分工合作吗？它的动力是什么？（至少很难说是交换。）它的制约因素是什么？NBA 和韩剧，从经济现象的角度应当如何认识？如此等等，都需要认真地、科学地进行研究和认识。

作为专业人士，专职的教师、医生是如何出现的、何时出现的？把子女教育和保健交给专业人员来做，是一种非常重要的分工合作。就我们的历史知识而言，恐怕在孔夫子之前是没有教师职业的，至于今天中国的师范教育则只有一百多年的历史。这又是一种特定的分工合作。在改革开放中引起热烈讨论的教育产业化和医院改革，其背后的深层次的理论议题，不又是关于分工合作、利益交换的根本问题吗？

再引申一步，近来谈得很多的老龄社会和养老机制的问题，也可以从分工合作的角度来看待。这里的分工合作是跨越代际关系的。作为一个需要薪火相传、绵延不断的整体，这种跨越世代的合作难道不正是其存在的必要前提吗？父母养育子女，子女赡养父母，这难道可以简单地归结为交换吗？这个账怎么算？能说是“等价交换”吗？当然，这里又牵涉到“小我”和“大我”的问题，家庭、宗族、地域、民族到哪一层算是“我”的范围？所谓“个体利益最大化”中的“我”究竟是什么？显然，要研究的问题很多，至少不能用“等价交换”和“个体利益最大化”加以概括。如果我们不能在基本理念上正本清源，那么，幼有所教、老有所养的和谐社会是不可能真正建立起来的。

最后一个例子是公务员的出现。公务员是大家交税雇的公仆。在美国早期的社区里，警察也是大家凑钱雇的。如果按照交换的理解，那就是你给我钱，我替你保护社区安全，和今天的小区里的保安一样，我们把看家护院的事情交给他们来办。这样的分工合作的机制靠什么来保证其有效运行呢？这正是今天的反腐所面临的问题。很明显，如果把“等价交换”和“个体利益最大化”作为最终的、唯一的出发点，就无法避免“寻租”现象、“卖官”现象，而如有的人说的，这些都是“理性选择”。所以要从根本上解决腐败问题，必须要对于人类社会的基本认识正本清源。

总之，我们需要深入地分析所有这些不同类型的分工合作，分析它们的利益冲突和协调的实际情况，寻找保证这些分工合作得以形成并持续下去的机理和方法。这对于建立和谐社会是非常有意义的。这方面有大量的研究工作需要进行。理论发展的空间是非常广阔的。

- 对于**分工合作带来的不确定性和风险**的研究和认识。除了上面的几点外，我们还需要深入研究不确定性和风险。事实表明，分工合作除了产生效益和需要代价之外，还需要特别认识它带来的不确定性和风险。我们认为，对于这个视角的忽视和缺乏研究，是传统经济理论的又一个重要的缺陷。

对于这个问题的产生根源可以从以下两个方面去进行深入的研究。

首先是**利益的冲突**。分工合作的形成马上就会带来三类利益矛盾：处于不同位置的个体之间的利益差别，各种个体的利益和整体利益的差别，近期利益和长远利益的矛盾。所有这些不一致是客观存在的，而且并不是一目了然的，其发展和暴露都需要一定的过程。所以，它们都蕴含着发生冲突，以至导致系统瓦解的种子。经验证明，事情往往是效益越大，风险也越大。而且这种风险不是一般意义下的代价或交易费用，很难定量地加以衡量，因而也就难以使用一般的度量方法进行评估。这种现象是必然的、永远存在的，是复杂系统的普遍规律。对于由此产生的种种现象和问题，需要我们认真地思考。

其次，随着分工合作越来越复杂，事情的**因果链越来越长**，影响的因素和环节不断增加，结果显示出来的时间滞后（delay）越拉越长。个体对整体的无知、信息的不对称等现象越来越严重，这就给“寅吃卯粮”和“击鼓传花”提供了种种机会。从整个系统来说，就会导致巨大的隐患和风险。如此一来，系统发展演化的道路显示出更大的复杂性和不确定性。这就是人们常说的“系统性风险”。对于这样的风险进行提前识别和有效防范，无疑是非常重要的。

信息经济学的研究在这方面已经提供了一些成果，例如奈特的研究、阿罗的研究等等。但是，这些研究并没有成为经济研究的主流，一直到今天，人们都知道金融风险、投资风险，却很少关注复杂系统的固有的系统风险，更没有把它和分工合作这个根本联系起来考虑。这是我们需要思考和研究的。

- **从发展的过程来认识分工合作**。传统的经济研究是把分工看成固定的、一成不变的既成事实。这就从根本上堵塞了认识的道路。只要看看近几十年来，人类经济活动的巨大变化；看看新的企业、新的经营模式、新的职业分工的不断涌现，我们就可以认识到，分工合作是一个不断变革、不可逆转的过程。随着全球一体化的经济格局的出现，随着技术的日新月异的进步，分工合作的格局绝不会停止在一种状态下，等待“均衡状态”的到来。如果不是把分工合作的发展变化和环境、技术的变化联系起来考虑，就无法理解今天的许多情况和现象。

在这方面，电子商务的研究是一个值得关注的领域。近年来，电子商务的发展令人瞩目。从早期的 EDI 到今天无所不包的电子商务，其发展速度之快、变化之迅速是历史上前所未有的。在这个过程中，新事物层出不穷，新现象比比皆是。虽然到今天对于电子商务的营业额的计算方法都还是众说纷纭，但是人们对电子商务的重要地位和作用已经不可能再有什么异议了。最值得庆幸的是，我们今天可以得到前所未有的大量数据和案例，从而深入地、具体地研究这二三十年的发展过程，从而得到对于经济系统发展的符合实际的理解和认识，其中的一项重要内容就是对于分工合作的动力和机制的认识。

- **分工合作带来的人本身的变化**。另一个需要研究的是分工合作对于人本身的影响，即分工合作或者说专业化改变了人自己。这一点是非常重要的。正因为如此，分工合作的进程是不可逆转的。斯密说过："不同的人所具有的天赋才能的差异在实际上比我们所想象的要小得多；成年人从事不同的职业所表现出来的非常不同的才能，在许多场合，与其说是劳动分工的原因，不如说是劳动分工的结果。"（《国富论》，上册，第 19—20 页。）由此可见，斯密已经看到了劳动分工对于人本身的影响。但是对于这种后果的深远影响他并没有进一步分析。我们认为，从这二百年来的实际情况看，这种影响恐怕要比斯密的认识深远得多。今天的人类在许多方面在进步，然而在另一些方面可以说是在退步。如果要说单独的个人在大自然的环境中的生存能力的话，那么今天的人肯定要比古时候的人差多了。尽管整个人类的能力增加了不知道多少倍。

强调这一点，是因为我们认为，这种情况至今还没有得到足够的重视和研究。正是这种情况决定了分工合作和专业化是一个不断演变的、不可逆转的发展进程，而不是一成不变的静止状态或模式。我们相信，从这方面进行深入地探讨，将有益于对当今的许多经济现象的理解和认识。

1.8 进一步研究的建议

通过上述讨论，使我们对于科斯和布坎南的批评意见有了更加深刻的理解。的确，传统的经济学研究偏离了从亚当·斯密开始的，从分工切入的正确思路。这正是当今的经济研究的根本弊病所在。而要突破当今经济学的困境，就需要回到分工这个核心议题，并且结合今天的现实，对于经济这个复杂系统进行研究和认识。

具体地说，以下一些议题都是可能的切入点。

- 立足于改革开放中的实际材料，考察和研究新出现的各种经济主体和经济现象，例如：网商、平台型企业、现代物流、物联网、新型服务业、互联网金融、外包等等。
- 在国际分工和全球经济一体化的环境中，考察和研究新的分工合作的格局，特别是基于网络的供应链、价值链。
- 在广泛调查研究的基础上，对于各种类型的分工合作的特殊性和特殊规律进行考察和研究。
- 研究分工的发展过程，特别是中国这三十多年来的大量实例，例如，一些新兴行业的发展历史，一些典型企业的发展历史等等。
- 研究分工对于劳动者本身的影响。三十多年来，无论是工人还是农民，公务员还是技术人员，管理人员还是服务人员，他们的工作内容、技术能力、工作环境、生活状态，直到观念和价值取向，都在发生着变化。这就是实实在在的历史性的变革。已经有不少同行在进行这样的工作。例如，中国社会科学院信息化研究中心在大量调查研究的基础上提出的“新农人”的研究。

1.9 小结

本章的讨论是围绕分工合作这个中心议题展开的，主要内容和论点如下。

- 劳动分工是经济学的核心议题。这是从亚当·斯密开始的，其后科斯、杨小凯等学者继续进行了进一步的研究。但是，当今的经济学研究和教学偏离了这个核心议题，导致经济学与现实的脱节，从而陷入了困境。我们建议，用“分工合作”取代“分工”。

- “交换导致分工”的论点预设了私有制的存在，从而隐含了经济人假设，导致对合作动机的忽视。这种偏颇给片面理解市场机制的偏向留出了空间，在实际中导致对市场经济的绝对化的理解和解释，并对实际的经济政策的制定产生了不利的影响。
- 斯密提出的“市场范围制约劳动分工”的规律，需要在今天的条件下具体化和落实。制约着市场范围的主要因素是：信息网络、现代物流和现代金融。
- 迄今为止对于分工的研究过于简单化，有必要对于各种各样的分工合作进行深入的、具体的研究。
- 必须把分工合作当作一个发展过程，历史地研究。
- 需要重视分工合作对于劳动者本身的影响和后果。

第二章　关于个体和整体的思考，兼谈经济人假设

在上一章对于分工合作问题的讨论过程中，我们已经涉及个体利益与整体利益的冲突和矛盾。这个问题确实是一个需要认真对待的核心议题。现实中我们经常遇到的问题，例如姓社还是姓资的问题，计划经济还是市场经济的问题，其实都是来源于这里。系统科学和复杂性研究，正是试图对此给出回答。在本章里，我们将围绕这个问题，进行阅读和思考。

对于目前的主流经济理论来说，与这个问题紧密相关的，就是关于经济人假设的争论。所以我们把这两个问题放在一起讨论。我们的阅读就从经济人假设开始。

2.1 经济人假设的提出和表述

根据经典的教材，对于所谓经济人假设是这样表述的：

“微观经济理论的建立是以一定的假设条件作为前提的。……。在众多不同经济理论的各自不同的假设条件中，有一个假设条件是所有的经济理论均具备的一个基本假设条件，这个微观经济学的基本假设条件就是‘合乎理性的人’的假设条件。”（普通高等教育“十一五”国家级规划教材，高鸿业主编，《西方经济学（微观部分）第五版》，中国人民大学出版社，2011年，第14页。）

那么，这个假设条件是什么呢？该书说：

“合乎理性的人的假设条件也被简称为理性人或经济人。西方经济学家指出，所谓的理性人或经济人的假设是对在经济社会中从事经济活动的所有人的基本特

征的一个一般性的抽象。这个被抽象出来的基本特征就是：每一个从事经济活动的人都是利己的。也可以说，每一个从事经济活动的人所采取的经济行为都是力图以自己的最小经济代价去获得自己的最大经济利益。”（同上书，第14页。）

毫无疑问，这个假设是当前主流经济学的基石，几乎所有的模型都是在此基础上构筑起来的。按照一般的理解，这个假设包括三层意思（引自孙涤，“《超越经济人》序言”）：

- 人的经济活动是自利的追求（self-pursuance）；
- 这种自利追求是始终如一（consistency）的；
- 人有充足的能力来充分贯彻其自利追求（adequacy）。

第一层意思的最初出处，是亚当·斯密在《国富论》上册第一章中的表述：“人总是需要有其他同胞的帮助，单凭他们的善意，他是无法得到这种帮助的。他如果诉诸他们的自利之心（self-love），他要求他们所做的事情是于他们自己有好处的，那他就更有可能如愿以偿。……；正是用这种方式，我们彼此得到自己所需要的帮助的绝大部分。不是从屠夫、酿酒师和面包师的恩惠，我们期望得到自己的饭食，而是从他们自利的打算。我们不是向他们乞求仁慈，而是诉诸他们的自利之心，……。”（《国富论》上册，陕西人民出版社，2001年，第18页。）从对于实际的社会现象的观察中，斯密指出，人们的合作是建立在自利的基础上的。他论证了，这样的自利行为不仅可以普遍观察到，而且确实能产生效果，这是正当的，没有什么不好的。这是客观规律，没有好坏和是非。斯密为自利正名，替人的自然追求撑腰，在社会从中世纪走出来，迫切需要思想解放的那个时代，是具有伟大的创新意义的，到今天，在我们回顾人类思想的进步轨迹的时候，这仍然是需要充分肯定的。

根据文献，后面的两层意思并不是斯密说的，而是后来的人们加上去的。这两点是否可靠就很值得研究了。斯密之后，过了一百年，“理性的假定”进一步被表述成为“人的自利追求是一以贯之的”，这就大大超出了斯密原来的意思。这里什么是“自己”，什么是“利益”，都是含糊的，有待解释的。“自己”是指个人，还是家庭，还是企业，还是国家？“利益”是什么？人究竟要什么？除了吃饱穿暖，人们还需要什么？如果按照马斯洛的理论，尊重和自我实现是人的需要的话，这可以用金钱来定量地度量吗？这些也可以交换吗？

至于第三层意思，人是否有能力来充分贯彻其自利的追求？这就更难说了。许多科学研究表明，这个判断几乎可以肯定是不对的。首先，对于客观世界的复杂性和不确定性的认识，是20世纪科学的一个重要进步。测不准原理、哥德尔定理、社会选择理论，这三项重大发现已经宣告了人类的自负心理的终结。其次，如果不是说整个人类，而是具体的个人或团体，那就更不能说有这样的能力了。然而，目前流行的经济理论却公开宣称，只要给人们以完全的自由，人是具备这样的能力的，而且是可以发挥出这样的能力。这确实是一种“致命的自负”。显然，这个论断实在是太武断了。

著名学者K. 阿罗和H. 西蒙对此早就提出了明确而尖锐地批评。关于这个问题，可以参看《组织的极限》（肯尼斯·阿罗著，万谦译，华夏出版社，2006年，*The Limits of Organization*, Kenneth Arrow, 1974）和《基于实践的微观经济学》（赫伯特·西蒙著，孙涤译，格致出版社，2009年，*An Empirically-Based Microeconomics*, Herbert Simon, 1997）。在《基于实践的微观经济学》里，西蒙尖锐地指出：“我们必须寄希望于经济学研究生，能使经济学的实证研究再度活跃。学生对现状存在着很大的不满，甚至变得虚无起来。许多学生对它们失去信任，为不得不把研究时间花在毫无结果的形式主义上面而懊恼不已……，现有的经济学理论不足以应对国家和整个世界所面临的一些复杂问题的情况是可悲的。我们在提高和改进那方面的理论上应该不懈努力。在具有战略意义的学科如经济学上，哪怕稍稍取得一些进展，对整个世界的公共事务和私人事务都将带来巨大的价值。”

以上就是对于经济人假设的最常见的表述，以及对于这个假设的批评和反思。关于这一争论的论著可以说是汗牛充栋，这里进行的只是一点非常扼要的浏览。我们的目的是：从复杂性研究的视角，对于这个议题进行思考，看能不能找到一些新的思路。

2.2 复杂性研究视角下的个体和整体

本书前面已经提到过索罗斯的话："社会整体与个体的二分法和其他二分法一样，都是我们抽象思维的习惯造成的。"（见《这个时代的无知与傲慢》，第217页。）现在我们就从这里开始讨论。在第一部分中，我们已经把绝对化的二分法，作为造成复杂性的六个要素之一。个体和整体的截然分割和绝对化的对立，就是这样一个典型的、绝对化的二分法。

首先，个体和整体的区分是相对的。这是最简单的常识。一个企业，是个体还是整体？对于员工来说，它是整体。对于社会和市场来说，它是个体。对此恐怕谁都不会有异议。那么，按照经济人假设，员工的经济行为应该是以"追求自己个人的利益最大化"为准则，而企业的行为应该是以"追求企业的利益最大化"为准则。显然，这两者并不是一回事，而且是会发生冲突的。关于这一点，经济学家是用博弈论来回答的。关于博弈论我们留待下一章专门讨论，这里暂不展开。

但是，这至少说明，作为经济理论的基石，经济人假设的主体究竟是指什么，这本身就是一个值得考虑的问题。经济系统是一个复杂的、多层次的系统，从事经济活动的个体包括个人、家庭、企业、行业、经济区域（包括城市和集镇）、国家，直到整个世界市场。在这样的一个复杂系统中，每一个层次都有各自不同的功能、机构、上下关系，当然更有各自的利益诉求。经济人假设中的主体究竟是什么呢？

从逻辑上讲，对此可以有两种回答。一种回答是：就是指个人。另一种回答是：经济人假设是一种科学的抽象，它所描述的主体包括上述各种层次的主体。从现有的经济学教科书来看，恐怕后一种回答是主流的意见。因为如果按前一种理解，那么多关于企业、国际贸易等的讨论就都应该被排除在经济学之外了，这显然是经济学家们无法接受的。

如果按第二种回答，紧接着的问题就是，对于不同层次的主体，这个抽象的命题究竟抽象到什么程度？也就是要说清楚，经济人假设的三层意思中，哪些是各层次的普遍规律，哪些是只对于某些层次有意义，而对于别的层次不适用的。比如，第二层意思中的“始终如一”，对于企业、城市、国家究竟有什么具体的意义，就很难说清楚。又如第三层意思中讲的“充足的能力”和“充分贯彻”，也很难在不同的层次中得到清晰的解释。这样一来，所谓“经济人假设”就只剩下“自利”一句话了。

然而，正是在这里，什么是“自己”，什么是“利益”成了问题的症结。

按照系统科学的理念，当个体组成整体的时候，已经产生了新的主体——整体。对于这个新的“自己”，什么是“利益”也已经发生了变化。对于个体来说，这个时候就出现了两个“自己”，或者我们可以形象地称之为“小我”和“大我”。这两者的利益并不是完全一致的，也不是完全对立的。可以说是“你中有我、我中有你”。比如，在“保家卫国”、“以厂为家”这些口号中，“小我”和“大我”就是不可分割地结合在一起的。然而，正如索罗斯所说的，传统的、非此即彼的“抽象思维”使得人们把这两者截然分开、绝对地对立起来，由此引出了一系列无法解决的矛盾。

这里有一个基本理念需要加以说明和强调，这就是“大我”的真实性，或者说实在性。还原论的思维方式是否认这种真实性的。按照这种传统思维方式，整体性是空的，是虚无缥缈的，整体的所有属性，包括功能和利益取向都可以从个体的属性，包括功能和利益取向推演出来。所以，他们认为只要把个体的问题研究清楚了，整体的问题自然而然就解决了。对于我们这里讨论的问题来说，就是认为只要把个人的经济行为研究清楚了，其他的所有层次的经济行为就清楚了。我们可以看到，这样的观点是根深蒂固地存在于经济学界的。在这样的思维方式引导下，前面说到的两种回答就合并成为一种观点，那就是：“个人的自利倾向是经济行为的基本动力，而由此可以建筑起整个经济科学的大厦。”在一定的意义上讲，这就是当今主流的经济理论的基本思路。而这也正是传统经济理论走向脱离实际的症结所在。

总之，我们在这里要说明的是：在每个层次上，整体都是独立于个体的、具有自身的功能和利益取向的新的主体。这就是经济系统的丰富多彩和复杂多变的根源所在。在工业时代初期，经济人假设作为一种科学抽象，对于理解当时的、相对简单的经济活动的研究基础，作为近代科学中经济学科的研究起点，是应当得到肯定和重视的。特别是它对于人的精神解放的意义，为“自利”正名的开拓作用，无疑是人类思想史上的一个里程碑。但是，随着经济系统越来越复杂，把一切经济活动的动力都归结为“追求个体利益的最大化”，显然已经不够了。至于再把这一点加以扩充，加上上面所讲的后两层意思，就不可避免地离实际越来越远了。目前关于“超越经济人”的研究有各种各样的建议和思路，包括利用社会实验的结果，利用现代心理学的成果，利用现代脑科学的成果等等。我们认为，如果不把整体作为一个新的、真实的实体看待，就无法动摇经济人假设的统治地位。

2.3 复杂系统中个体利益和整体利益的冲突

如果承认整体是新的、确确实实存在的主体，那么紧接着的问题就是个体利益和整体利益的关系究竟是怎样的，它们是不是“二者必居其一”、“水火不相容”的。对于这个问题的回答不是一句简单的话语所能够概括的。

首先，在复杂系统中，由于元素或个体的异质性，组成整体的个体之间的利益就会表现出种种差别、不一致和冲突。例如前面讨论分工的时候，我们已经谈到了分工造成社会成员之间的形形色色的差别。在每一种分工的链条中，不同的环节必然形成不同的利益群体。在供应链中的上家和下家，在管理结构中的管理者和被管理者，在二元结构中的城市和乡村，在全球分工中的不同经济类型的国家等等，就都是如此。这是第一层：个体利益之间的差别和冲突。

其次，这些个体利益的总和并不就等于整体利益。作为一个新的主体，整体的根本利益在于整个系统中的功能的协调和状态的平衡，或者说，整体的维持和存续。博弈论的理论和现实的经验都告诉我们，这种协调和平衡并不是所有个体的一致和满意，而经常是各种个体都不完全满意，但是还都可以接受的妥协方案。有一种简单化的理解，认为只要把各方利益加总，就可以形成整体的利益，这种观点的谬误是十分明显的。各类个体的利益往往是不同质的，以至是对立和矛盾的，所谓“加总”是不可能做到的。然而，我们在经济统计中，却往往可以看到这样的“加总”，GDP 就是一个例子。关于这个问题，我们在后面还会谈到。

问题还不止于此。在这样的系统中，某些个体的“利益最大化”，往往是要以牺牲另一些个体的利益为代价的，同时也经常会是以破坏整体利益为代价的，即危及系统的协调和平衡，以至长远的存续和维持。到目前为止的各种博弈论模型，基本上是谈的个体与个体之间的博弈，没有涉及整体和个体的矛盾和博弈。其根源还是上面所说的没有明确整体作为一种新的主体参与博弈的客观实际情况。

同时，我们可以看到事情还有另一方面，即整体利益和个体利益的一致方面。所谓“覆巢之下安有完卵”讲的就是这样的情况。经济学中已经研究讨论的“外部性”和“搭便车”其实指的就是这种现象。在传统的经济理论中，由于不承认 $1+1>2$，所以无法解释这种系统效应，所以才用了“外部性”这样一个十分含糊的概念。当然这里指的是正的“外部性”。环境问题就是一个典型的例子。当人们享受环境保护的成果的时候，并不是每吸一口新鲜空气就要按市场规则付费。当人们遵守交通规则的时候，也不会被要求从每一次服从交通指挥信号灯的行动中得到报酬。在这样的事例中，整个系统的协调和平稳无疑是个体的利益所在，但是并不能说是个体利益的“加总”。再举一个近期的案例——证券市场。近年来的金融风暴，已经充分表明了少数个体的、没有约束的“追求利益最大化”的行为会给整个系统带来什么样的影响。毫无疑问，这里面的机制和原因是十分复杂的，这里不可能完整地、深入地讨论。我们在这里只是想举出这个众所周知的事例，以便表明：不加限制地、绝对化地推崇“追求个体利益最大化”

会造成什么样的后果。

这样讲，并不是要完全否定经济人假设，而是说不要把这一点不加限制地绝对化。与此类似的另一个极端是完全否定个体追求利益的合理性。这就是计划经济的理念。按照这样的观点，整体利益是绝对的、至高无上的，个体必须无条件地服从整体。所谓“齿轮和螺丝钉”就是这个意思。在这种观点看来，个体根本就不应该有自己的利益取向，只能当卓别林的无声电影中那些生产线上的机械化的部件。这种观点在理论上和实践中已经被证明是完全错误的、非常有害的。

所以，比较正确的态度应该是：承认个体和整体都是有自己的利益取向的，它们追求各自的利益都是合理的。传统的“非此即彼”的二分法，使人们在反对一种错误倾向的时候，往往走向另一个极端。殊不知，客观世界并不是这样的。开汽车绝对不会只向右转，永远不向左转；走路也不会只用左腿而永远不用右腿。这难道不是常识吗？强调重视复杂性，强调抛弃“非此即彼”的二分法，只不过是回归常识而已。

总之，我们的观点是：必须承认和正视个体和整体都有各自的利益取向这样一个客观事实，并承认这样的利益追求的合理性。这些利益取向的相互关系是复杂的、多方面的，既有一致的地方，也有冲突的地方。对于如此复杂的现实，试图用简单的一句话、一个命题给出完整的回答，是不可能不走极端而导致谬误的。对于每一个具体的利益冲突问题，需要的是认真分析如下这些实际情况：

- 议题涉及哪些利益主体？他们是同一层次的同质主体，还是同一层次的异质主体，还是跨越层次的个体与整体的关系？他们各自的利益追求是什么？
- 有关各方的利益的一致方面在哪里？矛盾和冲突的方面在哪里？
- 他们各自对于“利”的理解、要求和度量标准是什么？
- 他们在冲突中的诉求和目的是什么？
- 影响他们做出决策的影响因素有哪些？

只有这样，才能够对于如此复杂的现实问题进行恰如其分的分析和认识，才谈得上提出有效的解决思路和建议。

如果的确是这样，要继续讨论的问题就还有以下两个：不同质的个体相互之间，以及个体和整体之间是否能够知道或理解另一方的利益取向，包括一致点和冲突点？如果能够知道或理解，那么它们在决策的时候，是如何权衡这两者的关系的？简单地说，前一个是认识和理解的能力问题，后一个是决策的原则和方法问题。关于认识能力的问题，前面已经提到过，恐怕至少是不可能完全知道和理解的。加强沟通和宣传正确的理念会有所帮助，但是完全消除这种认知上的不对称，多半是不可能的。这个议题已经超出了本书的范围，这里不能再继续深入讨论。第二个问题倒是和经济行为密切相关的，当“大我”和“小我”冲突的时候，人们将会如何行事？这就是博弈论研究的问题。对此我们将在下一章中着重进行讨论。

2.4 复杂系统中近期利益和长远利益的冲突

关于“利己”，还有一个需要思考的问题，那就是近期利益和长远利益的区别和冲突。无论对于个体，还是整体，任何关于“利益”的议题都可以被追问一句：是近期利益还是长远利益？谁都知道，近期利益和长远利益并不是完全一致的，出现差别和冲突是常态。所以，当某个利益主体面临近期利益和长远利益不一致的时候，它的行为将会是怎样的呢？这无疑也是一个很现实、很值得讨论的问题。而且，这个问题还经常和前面所说的个体利益和整体利益的冲突纠缠在一起。

和上一个问题一样，这个问题也可以细分为能力问题和选择问题两个部分。前者是说，主体能不能认识到长远利益；后者是说，当它看到这两者的冲突的时候，会把哪个放在前面。

先讨论前一个问题，我们的看法可能是比较悲观的。正像西蒙在《关于人为事物的科学》一书中所形容的那样，人类就像在一个长长的隧道里走路，头上的一盏灯只能照到前后几步路的详细情况，再往前和再往后的远处情况是看不清的。但是我们不能不往前走。所以正确的做法只能是按照已经能看清的范围里的情况，确定一个大概是正确的方向，先走几步。然后停下脚步，再审视一下新扩大了的视野，判断原来的方向是否需要调整，再继续前进。（参看赫伯特·西蒙，《关于人为事物的科学》，北京大学出版社，1986年。后来的新版译名改为《人工科学——复杂性面面观》，上海科技教育出版社，2004年。）我们认同西蒙的观点，无论是个体还是整体，无论是个人、家庭、企业还是国家，都需要承认自己在此时此地的认识的相对性。基于这样的理念，无论对任何主体来说，事先想到足够远的长远利益都是很难的。至于想到所有的长远利益，由于时间的无限性，则是根本不可能的。人们在工业化时代的初期，很难事先想到环境污染、能源短缺这样的问题。只有当问题逐渐暴露出来的时候，才被提到议事日程上来。我们正处于信息时代的门槛上，信息安全等问题也正在经历着类似的逐步显现和逐步被认识的过程。这样的观点是复杂性研究的基本理念的自然推论。世界在质的方面的无限性、发展过程和时间的无限性，要求我们保持清醒和谦逊，承认我们自己的认识是能够和需要不断改进的。这就给进步留出了空间，进而避免停滞和僵化。

现在来谈第二个问题，如果人们已经看到了近期利益和长远利益的矛盾，他们将会如何行事。经验表明，一般情况下，人们总是首先顾及近期利益，而把“非当务之急”的长远利益放在第二位。所谓“寅吃卯粮”、“杀鸡取卵”都是这样产生的。在历史上我们可以举出许多这样的例子，在许多情况下，不知道只是次要的原因。大多数情况下，是明明知道长远利益会受到损害，而屈从于对近期利益的追求，做出从总体和长远来说是错误的、有害的选择。小到吸烟和吸毒，大到滥伐森林，从个人到国家的所有层次上，为了近期利益而牺牲长远利益的事情实在是不可胜数。这些还只是涉及同一个“我”的近期利益和长远利益的矛盾，在现实中，这又常常和前面所说的个体和整体的利益冲突纠缠在一起，使问题变得更加复杂。

以上的两段讨论所涉及的问题，归结起来，可以说都是关于对“自己”的理解和认识问题，即“小我”和“大我”、“今天的我”和“明天的我”的关系问题。所以，当人们试图用一个简单的词“利己”来概括人们的经济活动的根本动力的时候，就已经把自己引入了歧途。复杂的事情要用复杂的方法去处理，试图用简单的方法去处理复杂的事情，不碰壁才是怪事呢！

2.5 层次以及个体和整体的相对性

关于个体和整体的讨论中，还有一个经常被忽略的问题，这就是层次的问题，或者说个体与整体的相对性问题。这里需要对此进行一点说明。

在第一部分的讨论中我们曾经把层次列为复杂性的来源之一。在个体和整体的关系问题上，正是层次的概念帮助我们摆脱绝对化的二分法。多层次的理念提示我们，个体和整体的区分本来就是相对的，世界上本来就没有绝对的个体或整体。个体和整体相互依存又相互矛盾的关系，正是世界丰富多彩的来源之一。就说人吧，对于社会来说，无疑是个体；但是对于医生来时，他是一个由许多器官和众多细胞组成的整体，需要进行干预以便保持平衡；而对于他身体中的红血球来说，这个人不仅是一个真实存在的主体，是一个整体，而且还是红血球的生存环境。

站在不同层次的视角上，同一个主体会表现出不同的价值倾向。例如，企业对于员工，经常是要强调“企业文化”、“爱厂如家”，俨然以整体自居；然而当它需要向政府管理部门争取自主权的时候，它就会竭力强调市场的自由精神，反对整体对个体的种种干预。这不是我们经常见到的社会现象吗？事实上，系统越大，层次越多，这个问题就越突出。例如，近期关于取消地区级别的改革，就很值得深思。多一个层次，并不只意味着形式上的变化，也不只意味着管理人员和公务员数量的增加，而是意味着一种新的主体的产生，从而意味着一种新的结构和格局的形成。人也是一样，人们常说的“屁股指挥脑袋”的现象（即由于所处地位的变化导致的态度的变化），不也可以从这里得到解释吗？在前三十年的经济管理实践中，我国曾经有多次“简政放权”，也有多次“反对分散主义”和强调“全国一盘棋”。人们曾形象地描述这种“一叫就放、一放就乱，一乱就收，一收就死”的循环。从复杂性研究的观点来看，这正是没有处理好个体和整体的关系，没有实现各层次“各司其职、各得其所”的合理安排。

在复杂系统的层次结构中还有一个有趣的现象，即我们不妨称之为“隔代亲”的博弈现象。假定有三个层次进行利益上的博弈。中间层次要求下层绝对地服从它，这样就可能较多地把利益和权力收上来；同时，它又要求上层放权，把利益和权力尽可能多地下放。当这种做法引起众怒的时候，上层往往会发动下层，上下夹攻迫使中层就范。从历史上的多次明君肃贪，到“文革”初期对于基层干部的冲击，我们处处都可以看到这种现象的影子。这就说明，层次和由于层次而形成的新的主体不是虚幻的，而是实实在在的主体。这从另一个角度呼应了整体是一种确实存在的主体的认识。

层次的问题是系统科学和复杂性研究的一个重要方面，在这里不可能全面地展开讨论。这里的简要评述只是为了再一次强调本章的主题：有必要从个体和整体的关系入手，对于经济系统进行重新认识，特别是需要对经济人假设进行重新思考。

2.6 小结

经济人假设是新古典经济理论的基石。如何对这个假设进行反思，是目前经济学界讨论的一个热点议题。

我们的观点是：需要从系统科学和复杂性研究的理念出发，重新认识个体和整体的辩证关系，这样才能从根本上认识经济人假设的历史作用和适用范围。我们并不是要否定经济人假设，而是要指出：作为复杂系统的社会和经济体系，个体和整体的相互关系是复杂多变的，由此产生的经济行为的主体和动力也是十分复杂的，不能用“追求个体利益最大化”这样一个简单的命题加以概括。特别是在信息社会到来的情况下，绝对化地、简单化地把经济活动的规律归结为经济人假设是不对的、有害的。

从观念上讲，对于这个议题需要强调的是以下四点：

- 不同质的个体组成的整体是一个新的、有独立的利益取向的主体；
- 个体利益与整体利益的关系是十分复杂的，不是简单地、绝对地对立的；
- 近期利益和长远利益的区别和联系，也是值得深入研究的；
- 所以，“自利之心”十分复杂，需要认真分析，不可滥用，不可笼统地加以歌颂或肯定，也不可以简单地斥责或否定。

此外，多层次的理念也进一步丰富了人们的认识和理解，需要给予必要的重视。

第三章 关于博弈论的思考

在上一章里面，我们结合经济人假设，讨论了个体和整体的议题，尝试着把复杂性研究的理念引入经济研究。强调整体不是个体的简单的聚集，承认1+1 > 2，是系统科学和复杂性研究的基本理念和进行思考的出发点。对于经济学来说，只要迈出这一步，就会为一系列基本的理论议题打开全新的研究视野。博弈论就是其中的一个典型。

前面的讨论其实已经涉及博弈论，特别是在讲到利益的冲突的时候。然而，因为在第二章里我们主要讨论对于“自己”或“我”的理解，所以，对此没有进一步展开。在现在这一章里，我们就来集中讨论与博弈论相关的一些议题。

3.1 复杂系统中的博弈

关于博弈论的论著和教材已经很多，读者也一定很熟悉，这里没有必要重复介绍。我们的研究从复杂系统中的博弈开始。迄今为止的博弈论研究，基本上是在同质的、同层次的个体之间的博弈，可以说基本上是简单系统中的博弈。所以，现有的各种博弈模型在回答现实议题方面的作用还是十分有限的。其根源就在于对于现实议题的过分简化。

在复杂系统中的博弈之所以更加困难，其根源在于两点：异质主体和跨越层次。

现有的各种博弈论模型，都是描述在同质的主体之间进行的博弈。在这样的模型中，主体的功能模式、结构特点、利益取向都是相同的，他们的区别至多是某些性质的参数不同。比如，对待某种风险的厌恶程度、对于某个事物的偏好程度等等。然而，正是多种异质主体的存在才产生了真正意义上的复杂系统。生态系统是这样，经济系统更是这样。我们在第一章已经详细说明了分工合作在经济活动中的基础地位。而分工合作产生的重要后果之一，就是人群的分化、不同质的职位和行业的出现。随着分工合作与专业化的不断细化，这种质的差别越来越大，越来越深刻，并由此产生了各种各样的社会和经济差别。在这种情况下，以同质化为前提的博弈论模型当然就会遇到不可逾越的障碍。

我们可以从几个例子，看一看博弈论当前的研究状况。

2005年，博弈论开创者之一，诺贝尔经济学奖得主约翰·纳什在北京工商大学做了题为“关于运用代理分析方法模型化联盟过程的三人演化合作博弈研究”的学术报告。(见《诺奖大师纵论中国经济——诺贝尔奖获得者北京论坛》，经济日报出版社，2006年8月，第289—310页。)在这个报告中，他讲过这样一段话：“如果交互的生物体或人类被假定为仅有自私、非合作的动机时，合作行为的自然演化是完全不可能的。……，真实的人类行为显然是由一些复杂的本能来引导，并且促进彼此之间的合作，此外，还有一些文化方面的因素影响到个人对其行为的纠正，并且经常是达到更高的合作效率。”(见该书第289页。)

从这个报告至少可以得到这样几个印象。首先，就是对于所谓经济人假设，他是有所保留的，认为不能简单化地把人的本性归结为自私自利。其次，博弈论的研究不能被限制在两个同质主体这样简单的情况中，需要进一步研究主体更多、关系更复杂的博弈。显然，这正是博弈论研究进一步发展所应当瞄准的方向。至于进一步研究的方法，纳什的报告中讲的是使用计算机模拟的方法。

所以，我们可以得到这样的初步结论：质疑经济人假设已经是众多学者的共同目标；而进行质疑的具体方法则有多种途径。浙江大学叶航教授和他的团队，在《超越经济人——人类的亲社会行为与社会偏好》一书中，对于三种基本的方法：社会实验方法、脑科学研究方法和计算机模拟方法，进行了系统的介绍。华侨大学博士生胡石清在乌家培教授指导下完成的博士论文《社会理性与可持续发展经济学》(华侨大学博士论文，2011年）则是从社会理性的角度，综合进行理论论证和计算机模拟，针对经济人假设提出了经济社会人的设想。在这个领域，最著名的两个博弈模型是重复博弈模型和最后通牒模型。关于这些研究，除了上述叶航教授等的《超越经济人——人类的亲社会行为与社会偏好》已有很好地介绍外，读者可以从罗伯特·阿克塞尔罗德的《合作的进化》和《合作的复杂性——基于参与者竞争与合作的模型》两本书中得到更详细地了解。（这两本书是由上海世纪出版集团分别于2007年和2008年出版的。）另外，前面提到过的新书《超级合作者》中，也对博弈行为进行了颇有见地的剖析。

我们的总的印象是：围绕着经济人假设和人们的博弈行为，多种视角和多种具体的方法正在并行地展开，但是在基本的理念方面，我们仍然期待着有所突破。而复杂性研究和系统科学有可能对此做出贡献，这里的关键是承认整体也是一个真实的主体，并把它纳入博弈行为的研究视野。不迈出这一步，博弈模型就无法准确地反映现实中实际存在的复杂情况，也就无法进一步发挥更加有效的作用。

3.2 跨越层次的博弈

上面讨论中强调了两个基本观点：异质主体进行博弈的实际情况，以及整体作为博弈一方的出现。如果承认这两点，那么，对于博弈的研究就会变得十分复杂和多样。关于博弈的模型就会呈现出图3-2-1所描述的复杂情况。

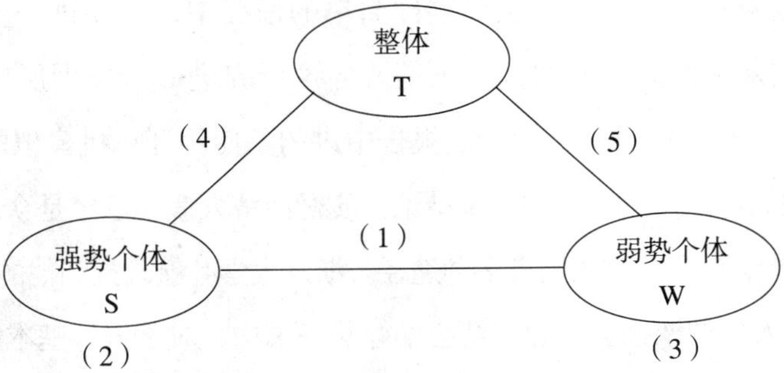

图3-2-1 复杂性研究视角下的各种博弈模型

首先，在这张图中，我们把个体中的异质性抽象成为两类异质个体，在图中暂时称为“强势个体”和“弱势个体”，其理由在后面将加以说明。既然复杂系统的一个基本情况就是个体在质的方面的多样性，我们至少就要面对两种不同质的个体。更多类型的不同质的情况肯定是存在的，这里只是从最简单的情况谈起。至于更多种类的主体的情况，我们在后面还会简要地提到。对于这样一种抽象，我们做两点简单的说明。第一点是异质的概念不是量的区别，而是质的区别。用计算机语言来说，就是：它们之间的差别不是参数值的差别，而是数据结构的差别。换句话说，用来描述个体之间的差别的，不是某些参数的值的大小，而是根本的功能的差别。比如，在分工造成的差别中，工作能力的差别、努力程度的差别都不是质的差别，因为他们的差别可以用参数表示出来。而工种的差别、管理者和被管理者的差别、股东和经理的差别就是质的差别，因为这种差别不能用一个参数的量的差别加以表示。希望从这里可以突破同质化的束缚。第二点，任何质的差别都是不对称的、不平衡的。差别双方在特定的意义上有主从之分、被动和主动之分、强势和弱势之分等等。正是这种不平衡或不平等，造成了现实中的博弈的种种复杂格局。我们在这里只是借用了“强势个体”和“弱势个体”这两个名词，说明异质主体间的博弈的复杂情况。这里并没有是非对错的道德评价，也没有对于其成因和来源的考虑。如果用传统中国文化的语言来表述，也许用“阴”和“阳”会更合适一些。在我们的图里，用 S 和 W 分别表示强势个体和弱势个体。

异质的主体分工合作，形成了新的主体——整体，我们在图中用 T 表示。如同前面一再说明的，T 既不等同于 S 或 W，也不等同于 S+W。它是一种新的主体，它有自己的结构、功能和利益取向。另外 S 和 W 往往不是单个的个体，而是多个个体构成的群体，在他们内部来说，是同质的。

有了这样的说明，我们就可以看到在图 3-2-1 的框架中，存在着五种不同类型的博弈问题：

（1）强势个体与弱势个体的博弈，简称为 S—W。

（2）强势个体之间的博弈，简称为 S—S。

（3）弱势个体之间的博弈，简称为 W—W。

（4）强势个体与整体的博弈，简称为 S—T。

（5）弱势个体与整体的博弈，简称为 W—T。

为什么要进行这样的区分呢？原因是它们的情况具有一些原则性的区别和特点。我们以企业为例进行说明。在一个企业（T）中，管理人员和操作工人分别为 S 和 W。管理人员和操作工人的博弈是（1），同为管理人员的个体之间的竞争就是 (2)，同为操作工人的个体之间的竞争就属于上述（3）。（2）和（3）这样的问题在传统的博弈论模型中可以得到很准确的描述和研究。然而，（1）的情况就不同了。由于分工的结果，管理人员掌握的信息要比操作工人多，他们是占据了信息优势的，在信息不对称中占据了有利地位。在这样的博弈中，传统的博弈论模型就无能为力了。当然，这里还可以进一步细分为作为群体的 S 和 W 的博弈，以及作为单个的 S 和 W 的博弈。我们这里暂且限于前者。至于（4）和（5），这就是我们在前面已经说过的“小我”和“大我”之间的利益关系，你中有我、我中有你，既有共同利益、又有矛盾冲突。我们用一些例子来进一步说明这样的复杂的博弈格局。

（1）S—W：现在许多企业中高管人员和基层工人之间日益拉大的分配差距就是这类问题的典型。在国外，不少企业中职员是不参加工会的，工人罢工时，管理人员出来顶岗的情况也是常有发生的。无论作为群体，还是作为个人，我们在许多场合都可以看到这样的矛盾和冲突。

（2）S—S：管理人员之间的竞争，特别是升职机会和管理权限范围的竞争是非常普遍的，我们经常可以看到此类竞争的现实情况。

（3）W—W：工人之间的竞争常常表现在业绩考核和技术能力的比较上。

（4）S—T：管理人员的薪酬是不是和整个企业的业绩挂钩，这常常是直接影响管理层的稳定和积极性的要素，许多企业实行的管理人员分享股权的制度就是从这种情况衍生出来的。

（5）W—T：与管理人员相比，操作工人的利益与整个企业的利益似乎更远一些。针对这样的情况，一些企业从提高福利等方面入手，从制度上加以保证。从企业文化的建设入手，提高员工的认同感，也是目前处理此类矛盾和冲突的常见方法。

把S和W加以区分，是基于分工合作造成的不平衡。上面所说的情况，我们在其他的场合下也都可以观察到。工人、资本家、市场经济；城市、乡村、二元经济结构；发达国家、发展中国家、国际市场等等，我们从中都可以观察到类似的博弈格局。S往往掌握着主动权，但是它的私利并不等于T的整体利益和长远利益，他们经常会为了近期利益，短视地“饮鸩止渴”、“竭泽而渔”，以致造成危机和系统的崩溃（金融危机就是如此）；而W则是处于被动和吃亏的位置的，所以总是愤愤不平地要求改变现状，并不认同T的整体利益和长远利益，甚至退出分工合作，走上“玉石俱焚”的极端方向，例如罢工。作为总体的T，他的存在和稳定取决于上述所有这些冲突和矛盾的合理处置，“治大国若烹小鲜”，这里最需要的恰恰是对于这种博弈格局的正确认识和科学把握。

如此丰富多彩的研究领域，这是博弈论展现其作用的广阔天地。在20世纪中期兴起的博弈论，在打破“一厢情愿”的思维模式、开辟多主体的思维方向上，的确发挥了开拓性的作用，也给经济科学的研究注入了新的动力，带来了新的希望。但是，正像有的学者已经指出的，似乎至今并没有达到期望的目标。我们认为，阻碍博弈论发挥作用的正是绝对化、简单化的思维模式。具体地说就是：还没有把整体作为博弈主体，还没有研究跨越层次的博弈。如果在这两点上有所突破，博弈论的研究一定会打开一片新的天地。

两位同名为威尔逊的学者指出：“在群体内部，利己者占优利他者；在竞争群体之间，利他群体战胜利己群体。唯此为大。”（“Selfishness beats altruism within groups. Altruistic groups beat selfish groups. Everything else is commentary.” From “Rethinking the Theoretical Foundation of Sociobiology”, co-authored by David Wilson & E.O. Wilson.，转引自孙涤：“《超越经济人》序言”第1页。）在这里，

关于上述两点的突破，已经呼之欲出。我们期待着博弈论研究的新提高和发展。

3.3 个体能够代表整体利益吗?

从上面的讨论中，人们一定会回到多年来困扰着我们的一个永恒的议题：谁代表整体利益？能不能有某个个体跨越层次的鸿沟，担负起代表整体利益的责任？我们在这里有必要给出我们的思考和回答。

简单地说，我们的观点是：层次是不能超越的。个体就是个体，任何具体的个体是不可能长久地、更不能永远地代表整体利益的。整体是通过其自身的规律，实现自己的功能和利益取向的。这个过程不是依靠某个，或某些个体的聪明或善良来实现的，而是由系统演化的规律来实现的。

这样的观点似乎有点悲观，但是历史的事实可以为此作证。

人类思考这个问题的历史，可以一直追溯到柏拉图。他在《理想国》中设想的管理架构中，代表整体利益的管理者是不能有自己的家庭和子女的。看来他已经意识到了这个难题。《西游记》里的唐僧在完成了取经的任务，要提高一个层次进入神仙的行列时，必须被推到水里淹死。这不就是表示层次的跨越是不可能的吗？《神曲》里的但丁在漫游天堂和地狱的时候，也要经过类似的经历。看来，中外的古代先哲 都已经想到了这点。

在近代思想史中，两个极端的代表就是霍布斯和卢梭。前者在蔑视群氓的无知的同时，把代表整体利益的希望寄托在强大的“利维坦”身上，这被理所当然地认为是替专制制度辩护。而卢梭则寄希望于他所说的社会契约，然而当历史展示了“以人民的名义”或“以革命的名义”，同样可以走向暴政的结果时，这种希望也落了空。“社会选择理论”更从根本上打破了这种对于社会契约的迷信。

前面，我们曾提到了“隔代亲”式的博弈格局。在层次结构中，“孙子层次”把希望寄托于“祖父层次”，从而上下夹攻实现自己的利益需求是屡见不鲜的。圣明的皇帝派来的清官，为民做主，扫除恶吏。这样的希望已经延续了几千年。如果皇帝也是昏庸的，那就只好把希望寄托于“天”了。即便如此，也还需要有

“替天行道”的梁山好汉来承担实现“道”的伟大任务。在西方则有罗宾汉和佐罗来完成相应的任务。

其实，“天道”也好，“正义”也好，人类社会的规律是客观的、总会通过一定的机制发挥作用的。至于是不是要通过某个或某些人来展示这些规律，则是另一个问题。为了避免误解，我们在这里还要说明两点。首先，我们并不否认具体的个人在历史上的地位和作用，也不否认在一定的时间内，在一定的条件下，某个人或某些人会发挥重要的作用，这正是历史规律发挥作用的一种机制。时势造英雄而已。另一点，我们所说的规律并不是绝对否认不确定性和偶然性的历史决定论。这些问题已经超出了我们预定的讨论范围。我们在这里强调这些，只是想说明重视复杂性，包括由层次引发的复杂性是非常重要的，了解这一点有利于打开思路，拓宽研究的视野，对于博弈论也是如此。

3.4 博弈的背景——文化或社会环境

说到对于博弈论的研究，前面引用的纳什的话中，还有一个值得注意的要点，那就是文化的影响。他说：“此外，还有一些文化方面的因素影响到个人对其行为的纠正，并且经常是达到更高的合作效率。”（见87页，所引书第289页。）

什么是文化？这个问题是非常复杂的。显然，纳什认为我们需要研究经济活动之外的、可以称之为文化的更广阔范围的事物和环境。这使我们联想到著名数学家丘成桐的《大宇之形》一书（*The Shape of Inner Space*，2010 Basic Books，中文版2012年由湖南科技出版社推出）。在这本书中，他阐述了这样一个问题：物理规律和空间性质哪一个更为基本？他以科学家的严谨，论证了认为后者更为基本的观点。在不同的空间中会有不同的物理规律，这已经从物理学的发展事实，得到了确切的证明。这给我们的启发是：对于经济活动和博弈来说，他们得以进行的空间是什么？是不是就是特定的文化和社会环境？这些并不直接与经济活动相关的背景，是如何影响经济活动和博弈过程的呢？

例如，近年来兴起的社会网络分析，对于社会网络的形成和运行规律的研究就很值得注意，包括对无标度网络、小世界网络等现象的研究。经济活动，包括多方参与的博弈过程，正在从线性的、双向的模式发展到网络式的、多维度的模式。所有这些都再一次证明了重视复杂性的必要。

这样一来，图3-2-1所描述的框架就不够了。在每一个层次上，博弈过程不再是线性的、双向的，而是网络式的、多元的，而且每一个层次的“空间”（文化和社会背景）又是具有不同形状的。所有这些都会影响到经济活动和博弈过程。这就是图3-4-1所描述的框架。

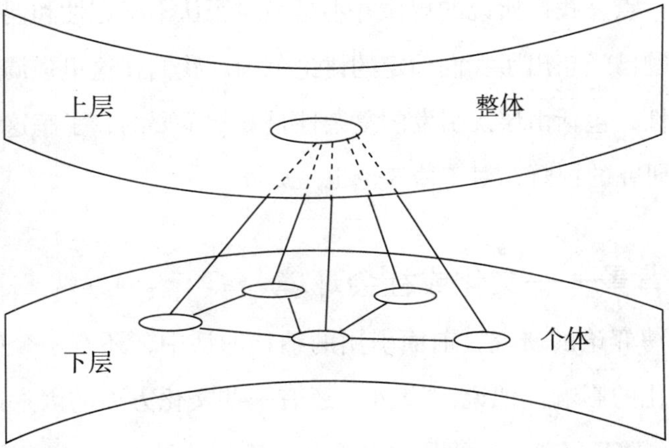

图3-4-1 复杂系统中的博弈框架

3.5 小结

作为经济科学的重要进步，博弈论对于打破“一厢情愿”的传统思路发挥了重要的作用。但是，由于简单化、绝对化的传统思维模式的限制，至今的博弈论模型仍然过于简单，与现实的距离还相当大。这种差距主要在于两点：没有考虑异质主体的博弈；没有考虑跨越层次的博弈。

所以，我们需要认真考虑这两个问题，扩展博弈论的研究视野。另外，对于文化、社会等环境的影响，对于层次的无限性的影响等也需要进行思考。我们相信，如果在这些问题上有所进展，我们就能够更深入地理解现实的经济活动。

第四章　经济发展的模式和周期，兼谈一般均衡模型

以“阿罗—德布鲁范式”为代表的一般均衡理论，在新古典经济的理论体系中处于核心地位。从系统科学和复杂性研究的视角来看，它要回答的问题是：从总体来说，经济系统究竟是如何运行的。和经济人假设一样，一般均衡理论在一定的范围内总结和反映了市场经济运行的情况：在市场机制的作用下，经济系统的状态趋向于一般均衡，就像物理学里面的热力学第二定律所描述的情况一样。

然而，当我们把视野和尺度放大，从较长的时间、与实际的发展轨迹对比，来观察经济系统的时候，就会发现，这个理论是在一系列严格的假定条件之下的抽象模型，与实际的距离是非常远的。作为实际的复杂系统，我们需要回答的是在它的发展进程中，到底是什么力量在驱动着此消彼长的起伏？它的长远发展趋势究竟有哪些力量在起作用？

本章我们就从系统科学和复杂性研究的视角，对此进行探讨。

4.1　一般均衡模型——新古典经济理论的表述

在普遍采用的经济学教科书中，对于一般均衡模型的典型介绍是这样的：

“法国经济学家里昂·瓦尔拉斯在经济学说史上最先充分认识到一般均衡问题的重要性。他第一个提出了一般均衡的数学模型并试图解决一般均衡的存在性问题。除此之外，他还对一般均衡的唯一性、稳定性及最优性等问题做过探索。”（《西方经济学》（微观部分）第五版，高鸿业主编，中国人民大学出版社，2011

年，第248页。）

在回顾了这个模型的发展历史后，教科书接着说："尽管瓦尔拉斯计算方程数目和变量数目的方法是相当不能令人满意的，但它在很长时间里被人们所接受，无人提出疑问。这种情况直到20世纪三十年代之后才有所改变。后来的西方经济学家利用集合论、拓扑学等数学方法，在相当严格的假定条件下证明：一般均衡体系存在着均衡解，而且，这种均衡可以处于稳定状态，并同时满足经济效率的要求。这些假设条件有：任何厂商都不存在规模报酬递增；每一种商品的生产至少必须使用一种原始生产要素；任何消费者所提供的原始生产要素都不得大于它的初始存量；每个消费者都可以提供所有的原始生产要素；每个消费者的序数效用函数都是连续的；消费者的欲望是无限的；无差异曲线的凸向原点，等等。"（同上书，第248页。）

从上面的表述，我们至少可以得到这样的初步印象：所谓一般均衡的状态是一种高度的抽象，与其说是经济学的现实，不如说更多地是数学的概念。在上面所引用的段落的页尾，作者加了这样一个注解："由于关于一般均衡存在性的现代证明都要涉及高深的、复杂的数学工具，详细的论述将超出本书的范围。"（同上书，第248页。）看来作者也很清楚这点。

保罗·萨缪尔森的《经济学》（第12版）中，也采取了类似的处理方法。在该书第三十一章"市场的一般均衡"中，也是用一条注释来回答这个问题。在回顾了从瓦尔拉斯到阿罗、德布鲁的历史后，他说："但是在我们写完以便宣布看不见的手的学说的最后胜利之前，我们应当停一下，来考虑一些可被用来证明有关竞争模型的严格的假定：任何地方都不存在收益的递增；没有外部经济效果；具有完全伸缩性的工资与价格；对于不稳定因素，都可以通过购买保险来防止；没有垄断或寡头，等等。"［保罗·A. 萨缪尔森和威廉·D. 诺德豪斯《经济学》（第12版），中国发展出版社，1992年，第1132页。］在两页之后，作者在"看不见的手理论的限制条件"一节的开头，进一步指出："我们已进行的讨论都是建立在一些抽象的假设的基础上的：没有垄断，没有溢出或外部经济效果，没有事先看不出的创新或干扰，没有政府政策的石板，等等。竞争的世界就像物理学家的无摩擦模型。这不是当我们走出图书馆同街上的真实的、活的、呼吸着的人接触时我们所认识到的那种真实世界的画面。”（同上书，第1135—1136页。）

显然，这些学者们很清楚他们的这些假设是不符合实际的。对此，萨缪尔森是这样进行辩解的：“尽管工程师们知道他们绝不可能创造出完全的真空，但他们仍然发现真空中运动的分析对帮助说明很多复杂问题是极有价值的。对于我们理想的竞争模型来说也是如此。从长期看，许多不完全性被证明是短暂的。虽然过分简单化了，但竞争模型可以指明有关市场的重要假说，特别是在长期中这一模型更为有效。”（同上书，第1137页。）

正是在这样的理念指导下，传统的经济理论就可以不顾天天可见的实际情况，而坚持“零交易成本”；可以不顾信息技术产生的巨大影响而坚持“完全信息假设”，继续把信息的作用拒于研究视野之外；可以对金融市场的巨大作用视而不见，忽视金融甚至货币的作用。正是沿着这样的思路，经济学的课堂就理所当然地走到了科斯所批评的“黑板经济学”的地步。

然而，现实情况是不会理会这样的自我安慰的。据说，在2008年金融危机后，英国女王曾对皇家科学院提出这样的问题：“毁灭性的市场危机扑面而来，经济学者为何无法觉察并预警？”结果，陷入尴尬的经济学家们不得不在给女王的报告中承认：是经济学学术文化的缺失，脱离现实世界、固执地坚持一些不切实际的理论假说，以及对市场的实际运作不加评判地美化等等，造成了经济学对现实的诠释和指导能力的贫弱。（转引自孙涤“人的决策驱动和理性假设”。）难怪凯恩斯要调侃道：“在长期中我们都死了。”

总之，这些表述充分表明：经济学家们自己也承认，一般均衡模型是和现实有很大距离的、无法满足实际工作的需要的、过分简单化的模型。然而，他们的结论并不是放弃它，而是坚持认为“到目前为止没有更好的”，并且举出物理学的成功来为经济理论的贫困辩解。那么，我们就来对比一下经济学和物理学的状况吧！

4.2 和物理学的比较

用物理学的成功来进行类比，真的就能为当今经济理论的贫困找到理由吗？

的确，在近代科学与社会的发展过程中，以牛顿力学为代表的近代物理学发挥了重要的作用，以它为基础的近代工业革命创造了人类社会的空前繁荣。这是没有异议的。然而，同样众所周知的事实是：从一百多年前开始，物理学经历了一场彻底的变革。以相对论和量子力学为代表的新的理论，打破了经典物理的一统天下。人类开始认识到，经典物理学的真理性是相对的，是在一定范围内才有效的。当研究接近光速的运动的时候，就需要按照相对论力学的理论框架进行思考；而研究小到十的负二十三次方以下的微观世界的时候，就需要运用量子力学的理论来进行科学研究。这三种理论是不同的，各有各的适用范围和尺度，各有各的用处。而且至今尚未找到能够统一这三者的物理学理论。（关于这点可以参看霍金的《时间简史》。）如果没有这种理论上的突破，还是停留在牛顿力学的发展阶段，我们就不会有今天的核能和航天飞机、计算机和互联网。

所以，物理学的历史给我们的启示，并不是一种简单化的理论可以包打天下，恰恰是告诉我们，任何理论都是有一定的应用范围和界限的，不存在一种在任何尺度、任何情况下都适用的、放之四海而皆准的理论。

回到经济理论上来，建构在供需分析基础上的、针对具体商品的局部均衡模型，的确是抓住了市场运行的基本内容，在一定程度上反映了经济活动的实际情况。而在此基础上形成的一般均衡模型，则是对包含多种商品的整个经济系统，给出了宏观的、总体的描述。当然，这样一来复杂程度也就大大提高了。再加上近年来信息技术的应用、经济全球化的格局等种种新情况的出现，理论和现实的距离就越来越大了，矛盾和不一致也就越来越明显了。

在物理学里面，从局部到整体的飞跃，也是常有的事情，例如，著名的热力学第二定律。在一个局部，能量从高处向低处流动，而不会自动地向相反的方向流动。这无疑是重要的、不容置疑的事实，也是热力学的基本理念之一。然而，如果把论域扩大到整个宇宙，事情就发生了质的变化。难道因为承认热力学第二定律，我们就必须接受热寂说吗？在这里，物理学的经验再一次提醒我们，从个体到整体、从局部到全局是质的飞跃，在任何领域，迈出这一步是需要非常小心的。

综上所述，简单地援引物理学的成功，并不能为一般均衡模型与现实的距离提供辩护。面对理论与实际的不一致，需要的是做出判断：是再添加一些条件、再补充一些假定维持原来的基本模型，还是进行根本性的变革？如果是前者，那就意味着基本的理念没有变化，只需要修修补补。如果是后者，那就意味着需要从基本的理念上进行重新思考，就像从牛顿力学到相对论力学和量子力学那样。从前面所引用的教科书上的说法我们已经看到，现在的一般均衡模型已经列举了太多的假设条件，从“零交易成本”到没有任何收益递增，从“完全信息假设”到没有预料之外的创新等等。在这样的情况下，再添加条件和假设，只会是离实际越来越远。萨缪尔森说这些不完全性都是短暂的，只要时间足够长，这些因素就不会起作用了。但是近年来我们看到的现象却是金融危机越来越频繁、新的行业中马太效应越来越显著。等待的结果不是这些情况的消失，而是越来越加剧。事实已经证明，经济理论需要彻底的变革，修修补补无济于事。经济学需要向物理学学习的，不是用进一步抽象和更多的假设来修补现有的理论框架，而是重新思考基本的理念和研究框架，实现经济理论的彻底更新。

4.3 负反馈和正反馈——两种基本的发展模式

从何入手进行这样的重新思考呢？信息经济学是从质疑“完全信息假设”入手，有限理性学派是从质疑完全理性入手。在这里，我们尝试从系统科学和复杂性研究的视角出发，从复杂系统的演变和发展的模式入手，进行思考。从根本上讲，一般均衡模型试图描述和反映的正是经济系统的演化模式。我们认为，问题就出在：一般均衡模型隐含了一种片面的发展观和发展模式。现在需要的是，从根本上改变这种理念，从复杂性研究的视角对经济系统的演化模式进行全面认识。

一般来说，可以看到两种在复杂系统中变化或演化的不同现象：负反馈和正反馈。所谓负反馈，就是某种增长会导致对于其自身的抑制；而正反馈则相反，某种增长会进一步促进其继续增长。这种影响可以是直接的，也可以是间接的。这两种机制的交替作用、此消彼长就造成了复杂系统行为的种种不确定性。

在经济领域中，典型的案例就是收益递减和收益递增之争。传统的经济理论片面地强调收益递减的规律，一般均衡模型更是明确地把"没有收益递增"作为论证的假设和前提。在现实的经济生活中，情况真是这样吗？我们可以举出大量的收益递增的案例。电信行业就是一个典型。美国著名经济学家、圣菲研究所经济项目的领导者布赖恩·阿瑟（W. Brian Arthur），早在20世纪80年代就指出了在经济中收益递增现象的普遍存在。他在《经济中的收益递增和路径依赖》一书中详细地论述了这个问题。诺贝尔经济学奖得主肯尼思·阿罗在为该书写的前言中回顾了经济学界是怎样偏离了亚当·斯密的研究方向，越来越忽视收益递增的客观事实。（这些论述可以参看该书：*Increasing Return and Path Dependency in Economy*, University of Michigan, 1994。）对于这些情况，经济学的教科书和主流理论的论述却仍然在坚持："只要时间足够长，这些现象就会自动消除。这些因素都是暂时的。"显然，隐藏在这种固执态度背后的正是把负反馈绝对化、完全否定和忽视正反馈的发展观。

其实，近几十年来，自然科学的大量研究成果，已经对于这个问题做出了明确的回答。例如以比利时著名学者普列高津为首的布鲁塞尔学派，就深入研究了复杂系统中的自组织现象，提出了耗散结构理论。他们的研究表明，系统中微观层次中的涨落可以在一定的条件下，通过非线性的放大作用，改变宏观系统的结构和状态，从而形成远离平衡的稳定状态。他们的研究成果表明，正反馈和负反馈一样，也是客观世界中存在着，并发挥着重要作用的一种发展模式。回顾前面提到的一般均衡模型的种种假设，无非是把正反馈的种种表现排除在外，保证只有负反馈发挥作用，这就不知不觉地把结论隐藏在假设之中了。

4.4 复杂系统中的节奏和周期

两种反馈方式的交互作用在复杂系统中引发了一系列后果，其中特别值得注意的现象之一，就是在复杂系统的演化进程中的特定时刻，节奏和周期的涌现。这一点在物理学和生物学中已经得到了重视和关注。这对于我们的经济学研究是很有启发的。

在经济学思想史上，关于经济周期的认识是一个重要的方面。在这方面，许多著名的经济学家做出了重要的贡献。例如，早在一百多年前，人们已经从现实中看到为期10—12年左右的，繁荣和萧条周而复始的经济周期。到了20世纪初期，熊彼特等学者进一步研究和分析了长周期和短周期。这些基于实际数据的研究，事实上已经否定了那种只承认负反馈、认为经济系统只是在一个固定的均衡状态周围起伏的静止的观点。至于到了近几十年，这种周期状况也经常被打破，不确定性更加明显，危机更加频繁。对于这样的客观情况的认识和理解，已经成为不可回避的紧迫任务。

从系统科学和复杂性研究的视角来看，这正是复杂系统的内在的、必然的规律和现象。在任何复杂系统中，各种因素的此消彼长中大量存在着多种多样的正反馈和负反馈的作用。它们的相互纠缠和重叠，就是大千世界中丰富多彩的种种现象的由来。从星云和太阳系的运行，到生物钟和心脏跳动，节律和周期无所不在。

在这里我们不妨用生态系统中的一个简单例子来加以展示。这个例子讲的是一片草地和一群兔子组成的一个系统，用麻省理工学院（MIT）的媒体实验室为青少年开发的模拟软件 STARLOGO 进行模拟和观察。（从技术上来说，这个例子是很简单的。当然，不关心技术细节的读者，完全可以略过下面的技术细节，而直接阅读结论。至于关心技术细节的读者，则可以从网站上直接下载这个软件，见 http://education.mit.edu/starlogo 。）

我们设想在一片草地上，生活着一群兔子。兔子要吃草，这会使草的数量减少。草有一定的生长速度，即草的数量有一定的增加速度。兔子吃了一定数量的草，生长到一定程度，就能够繁殖，兔子的数量就会增加。而兔子数量的增加，又会使草被吃掉的数量增加，从而草的数量进一步减少。草少到一定程度，兔子就会饿死。而兔子的减少，又会使被吃掉的草减少，草的数量就会再增加。如此等等。图4-4-1描述了这个系统中的部分关系。粗略地说，实线表示数量或动作之间相互促进的关系，虚线表示导致减少或相互制约的关系。显然，这并不是一个太复杂的系统。然而，对于这样一个系统，我们很难一目了然地理解和认识它。我们现在要考察的问题是：兔子的数量和草的数量的关系究竟是如何的？

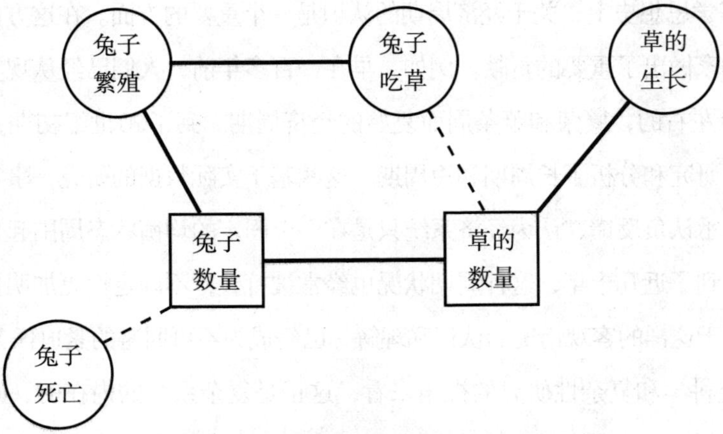

图 4-4-1 一个生态系统中的正反馈和负反馈

STARLOGO提供了一套简单的程序设计语言，用来描述这样的系统，即用计算机程序把这个系统中的主体（在这里是兔子和草）的行为逐一描述出来，在这里就是草的生长、兔子跑动、兔子吃草、兔子繁殖等等。下面就是这个模型的程序实现。

```
turtles-own [energy species [rabbit grass]];turtles can be of species rabbit or
species grass
to setup（设置）
set xy random screen-width random screen-height
if else who < grass-rate
 [set c black ht set species grass]
 [set c random 140 set species rabbit set shape rabbit-shape
  set energy random 10]
repeat 20 [grow]
end
```

```
to grow （草的生长）
if species = rabbit [stop]; rabbit turtles don't grow grass
rt random 10 lt random 10
fd 1
if pc-ahead = green [stamp green]; grass only grows near other grass
end

to move （兔子跑动）
if species = grass [stop]; grass turtles don't move
take step
eat-grass
reproduce
death
end

to eat-grass; turn the patch to black and increase energy（兔子吃草）
if pc = green [stamp black set energy energy + 1]
end

to take step
rt random 50
lt random 50
fd 1
set energy energy - 0.25
end
```

```
to reproduce    （兔子繁殖）
if energy > hatch-threshold [set energy energy / 2 [ hatch ]]
end


to death
if energy < 0 [die]
end
```

对于了解计算机程序的读者，这个程序是非常简单的、很容易理解的。它基本上就是用英语定义了模型中的兔子和草的行为。利用 STARLOGO 的另一方面功能，我们可以在计算机屏幕上设计出如图4-4-2所示的、清晰的可视画面。

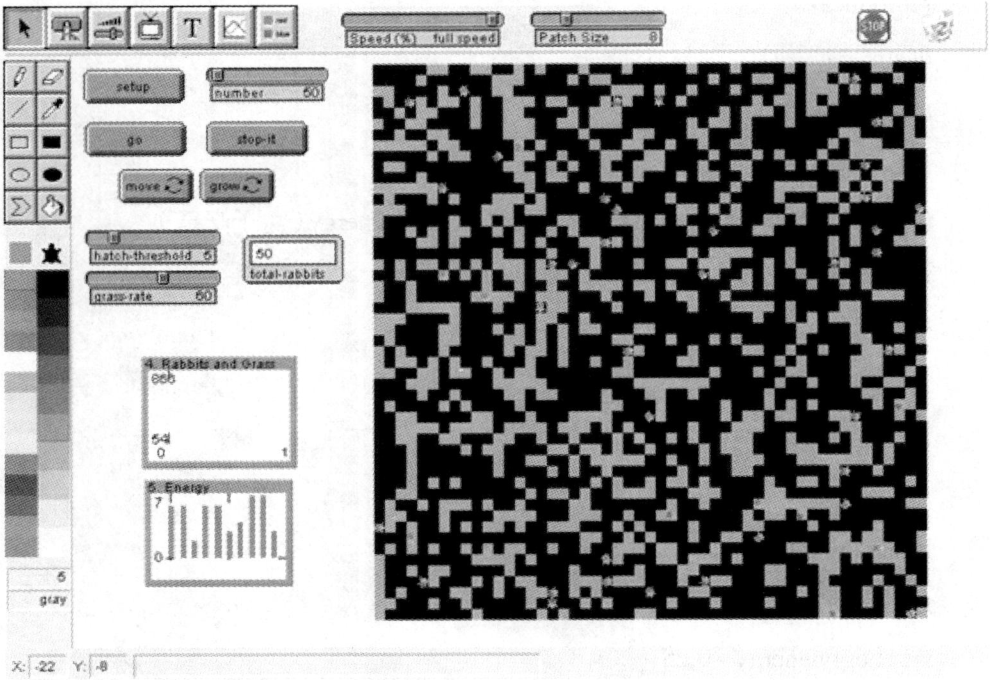

图4-4-2　STARLOGO 提供的初始画面（N=50）

这个画面包括两个部分。右边是一个形象化的状态显示图，只是用于提供形象化的效果。实质性的内容是在左边。左边是模拟过程的控制与数据结果显示。五个蓝色的按钮分别用于五种操作：设置初始状态、开始模拟、停止模拟、兔子跑动、草生长。五个绿色的游标尺用于在运行前设置各种参数的初始值。这五个参数分别是：运行速度，图标大小，兔子的初始数量，草的初始覆盖率，兔子繁殖所需要达到的能量门槛。白色的计数器用于实时地显示兔子的当前数量。下方的两个图，将分别显示兔子和草的数量随时间变化的情况（用折线图表示），以及兔子体内能量积累状况（用直方图表示）。

在图4-4-2所显示的初始状态中，我们可以看到草的初始覆盖率是60%，兔子的初始数量是50只。（为了方便，我们以下用N来表示兔子的数量，为了集中观察系统的演变情况，其他参数的情况在这里略去不再讨论。）在这是我们只要点击“开始运行”按钮，系统就会按照上述程序所规定的逻辑关系开始模拟，这里的每一步不妨看作是一天。

开始运行后，折线图中的上面的线表示兔子的数量，下面的线表示草的数量。我们从一开始就可以看到其变化的复杂情况。图4-4-3就是运行到第23天时的情况。我们可以看到，兔子的数量在短暂的增长以后就开始下降。很显然，这是由于兔子吃掉了一些草，草的数量下降了。这就导致一些兔子饿死，数量下降。然而兔子数量的下降又导致了草被吃掉的数量减少。当草的生长速度超过被吃掉的速度的时候，草的数量又开始增加了。当草的数量增加到一定程度的时候，由于食物充足，兔子的数量就由下降转为上升。我们可以注意到兔子数量的上升比草的数量上升有一个时间的滞后，从图中看出，这大约发生在接近第20天的时候。这就生动地反映了这个系统中的此长彼消的动态过程，既不是一直上升，也不是一直下降。这就是在复杂系统中普遍存在的正反馈和负反馈交互作用的结果。

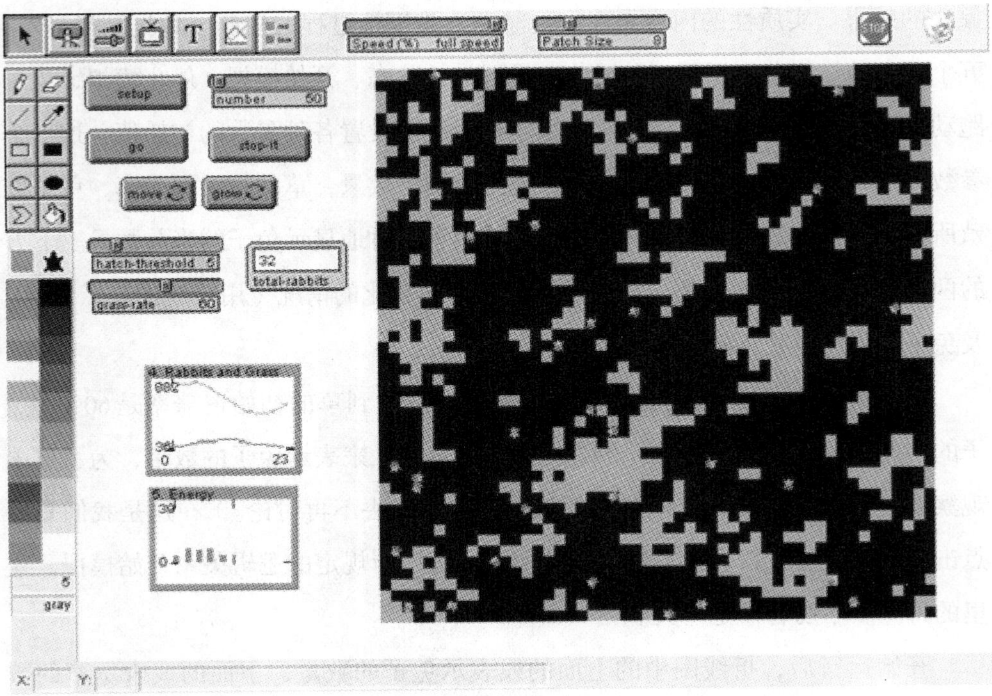

图4-4-3 运行到第23天时的情况

现在我们让系统继续进行模拟。经过一百天的演化，系统所展示的变化过程就如图4-4-4 所示的那样，周期和起伏清晰可见。为清楚起见，我们仅把表示兔子和草波动的折线图单独截出放大。在这一百天里，经历了五个周期的起伏，平均大约20 天一个周期。请注意，这个周期并不是我们事先设定的，而是在这样的模型中隐含着的，只不过通过模拟显示出来了。这就提出了一个极为普遍的问题：宇宙的脉搏和周期从何而来？从心脏脉搏到日月星辰，周期和脉搏无所不在。经济系统不也是一样吗？

如果说，探索周期和脉搏的具体的形成机制，还是定量研究的话，那么，更为基本的议题将是发展模式和长远趋势的定性议题。我们仍然可以利用上面的计算机模拟模型来进行研究。刚才的图中显示的是可持续的、周期性起伏的一种状态。我们只要把兔子的初始数量改变一下，比如从50只改成130只，其他参数都不需要改变。系统运行之后就显示出完全不同的另外一种结果，请看图4-4-5。

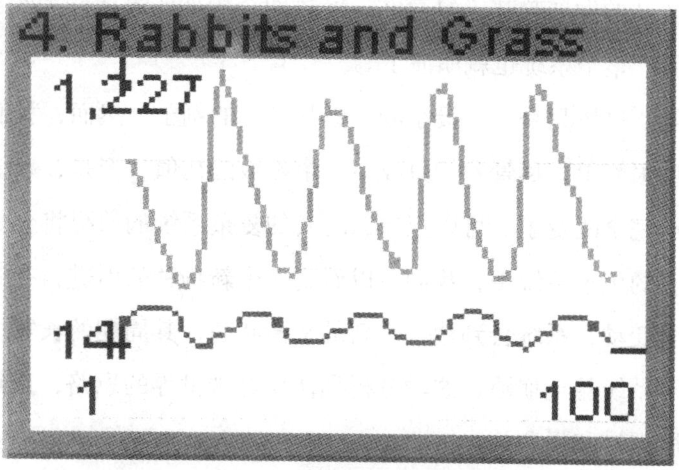

图 4-4-4 N=50，运行 100 天后 兔子和草波动折线图

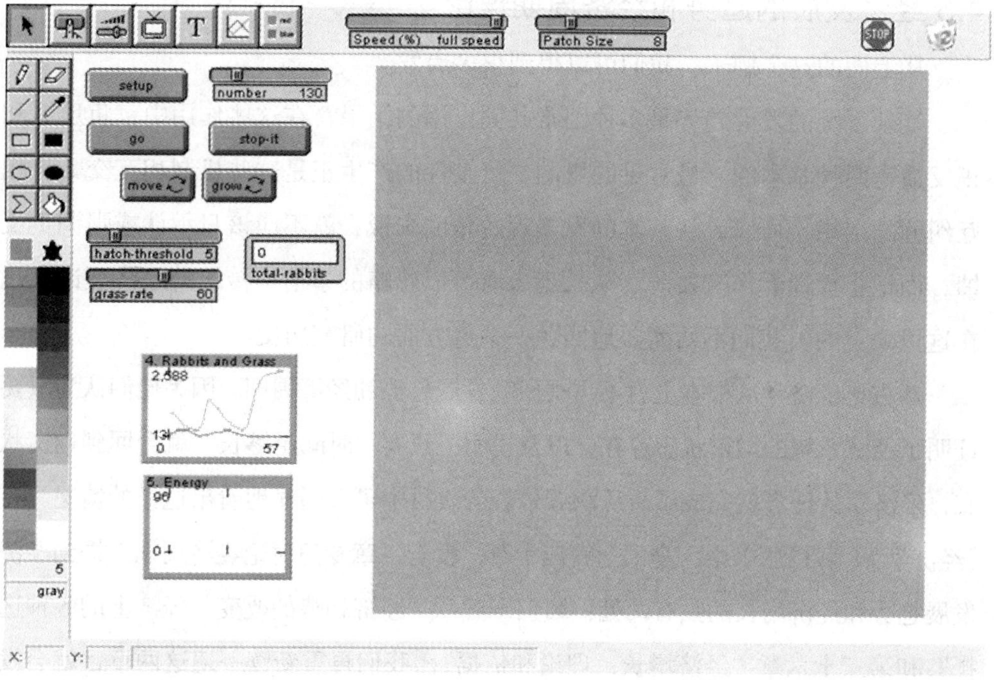

图 4-4-5 N=130 时的运行结果——不可持续的状况

从图中可以清楚地看到，其他关系和参数都没有改变，唯一的变化是兔子的初始数量从50改到130。然而，牵一发而动全身，情况就完全不一样了。可持续的、周期波动的发展趋势不复存在，经过两个周期的起伏和大约50天的演化，兔子就死光了，整个系统也就崩溃了。

毫无疑问，这里只是一个极小的、极其简单的例子。然而，我们已经可以看到，尽管模型很简单，尽管我们只改了一个参数的初值，但是，系统的行为和发展的模式已经完全改变了。可以想象，现实的复杂系统的情况将会是怎样的丰富多彩。在现实的生态系统中，我们可以看到一个新物种的引进，有时会导致整个生态系统的大变动，系统会到达一个新的平衡状态，其周期的长短、变化模式会不一样，有时系统甚至崩溃。这种分析和认识客观世界的思路，正是系统科学和复杂性研究所倡导和强调的。

4.5 经济发展的趋势和经济周期理论

从上面的这个例子，我们可以得到很多启发。

复杂系统的发展趋势是多种因素共同作用的结果。在这些作用中，负反馈和正反馈是两种基本的、最常见的机制。复杂性的产生正是这些机制相互交叉、相互纠缠的结果。所以，从基本的发展观的角度来说，就不应该只承认或强调负反馈，而把正反馈看作次要的、从长远来看可以忽略的事情。传统的经济理论正是在这里失足的。我们不妨简要地回顾一下这方面的研究历史。

新古典经济学从根本上就不重视研究发展趋势和经济周期。因为他们认为只要证明了经济系统的均衡状态存在，以及说明了只要“时间足够长”就会回到均衡状态，经济学的任务就完成了。从萨缪尔森的教材中可以明显地看出这样的情况。在《经济学》（第12版）中，全书七篇四十章，没有一章专门讨论经济周期。提到经济发展趋势和经济增长的只有两处：第三十五章“经济趋势的改变：经济上的各种选择”和第三十六章“经济增长：理论和依据”。我们再重新读一遍这两章，就会发现前一章讲的是经济理论的变化趋势，而不是经济系统的发展趋势。而在第三十六章中，作者在叙述了二百年来的一些实际情况以后，归纳了“经济发展的七个基本趋向”（见该书第1333页），包括人口增长、实际工资率上升等。在这七条的论述中，作者两次提到了经济周期，然而都是在讲“消除经济周期的影响以后”就会如何如何。既没有探讨形成经济周期的原因，也没有说明如何消除经济周期的影响。倒是在萨缪尔森本人的“乘数—加速数模型”中我们可以看到，他试图从投资增长和资源约束的矛盾来解释经济周期。不过即使在这里，也仅限于投资和资源两个因素，这对于复杂的经济现实情况来说，仍然是有相当大的差距。关于其他经济学家对此的研究，只是在该章的附录中，作为不成熟的理论介绍了熊彼特等人的相关工作。这正是主导的、只重视负反馈的发展观所决定的。

在历史上，已经有不少经济学家对于经济周期和发展趋势进行过研究。自从1825年在英国爆发第一次生产过剩型经济危机以来，经济学家就开始关注和思考经济系统的发展趋势和经济周期问题。从资料看，这种关注和研究多数是建立在统计数据基础上的描述和记载，对于其机理和规律则是到熊彼特才开始有所涉及。在这些研究中，也有一些学者对于其成因进行了研究，提出了各种各样的猜测，例如和货币的关系，和投资过渡的关系，和技术创新的关系，和消费不足的关系，和心理规律甚至和太阳黑子的关系等等。

在这些工作中，一种倾向是单纯从数据和现象进行统计分析，没有对于机理和动力的分析。另一种倾向就是从系统之外去找原因，而忽视了从复杂系统内部寻找根源。

所以，我们认为出路在于从经济系统的内部的各种相互作用的实际情况出发，找出它们的交叉和相互制约的现实情况。首先是要彻底摆脱传统的发展观，正视正反馈的存在和作用，重视分析和研究有关的利益主体的相互关系和相互作用。同时，还要摆脱外因论和单纯的统计分析的研究思路和方法，真正地从机理找到发展的动力，弄清机制。当然，这也包括对于经济周期的理解和认识。毫无疑问，这对于提高预测的能力和可能性将会有很大好处。

关于提高预测能力，凯文·凯利在《失控》的623页的“预言机”上有非常好的说明。他说活的高维系统，例如经济系统，本质上是不可以做长期预测的，不过，整个系统“根据混沌定律，那些看起来完全无序的东西，在短期内可以预测到。你可以做近期预测。”（629页。）因为“混沌”和“随机”是两回事。最为要紧的是凯文·凯利总结出法默对预测未来的三点重要看法：“首先，你可以抽取混沌系统内在的固有模式，取得良好的预测。其次，进行一次有用的预测用不着看得太远。第三，即便是一点点有关未来的信息，也是非常有价值的。”（623页。）

我们的经济系统是具有混沌性的复杂系统，其内在的固有模式是因其内在的正反馈和负反馈共同作用所产生的。经济周期大概会像兔子和草的折线图所示的那样。虽然，确切的预测做不出来，不过如凯文·凯利指出的那样，近期的预测，我们还是可能预见到的。

4.6 小结

从系统科学和复杂性研究的视角来看，探索经济系统的发展模式，包括经济周期的成因和机制，是认识经济这个复杂系统的关键。传统的经济理论把一般均衡模型强调到了不适当的程度。这是新古典经济学脱离实际的一个重要原因。

当然和前面的讨论一样，产生这种状况的根源，在于静止的、简单化的、绝对化的思维方式，在于追求用一个理论概括所有经济现象的习惯。

然而，在这个问题上，还有一个需要强调的要点：两种根本对立的发展观的冲突。世界，或者说任何复杂系统，究竟是围绕着一种固定的均衡状态摇摆波动呢？还是在不断地发展和前进，永远不会停止和倒退？再具体一点，是不是承认和重视正反馈现象的存在和作用？现代系统科学的研究，以及自然科学的成功经验，都已经给我们提供了重要的证据：和负反馈一样，正反馈也是客观的、复杂系统中的常见现象。而对于复杂系统中的正反馈和负反馈的相互交叉和此长彼消的认识，往往是我们认识复杂系统行为的入口和切入点。

这对于经济理论突破“黑板经济学”的困境、面向信息时代的实际，是很有启发的。

第五章　需求和供给，兼谈局部均衡

上一章我们讨论了一般均衡模型。指出由于过多的简化假设和拘泥于负反馈的传统发展观，这个模型和现实的距离越拉越大，使得它失去了对于现实的解释和预测能力。然而，一般均衡模型是从局部均衡模型引申出来的。那么，很自然地就会引出这样的问题：上述种种缺陷是在引申过程中出现的，还是在微观经济学的核心——局部均衡模型的基本假设中就已经隐含了？这一章就来讨论这个问题。

我们还是从回顾主流的教科书开始，看看需求和供给的议题如何引出了局部均衡。然后梳理经济系统的复杂性在这个方面的具体表现。我们将对于现实中的需求和供给情况进行梳理，特别强调产品和服务、物质需求和精神需求这两对根本性的差别。最后对于这个方向上的研究提出我们的意见。

5.1　从需求和供给到局部均衡——教科书上的表述

与上一章讨论的经济周期以及第一章讨论的分工合作不同，这一章讨论的议题——需求和供给，在当今经济学教科书中占据着最重要的、基础性的地位。在微观经济学中，整个讨论就是从需求和供给开始的。以前面提到过的《西方经济学》（微观部分）第五版为例。在引言之后的第二章就是“需求、供给和均衡价格”，然后就按照由此引申出来的逻辑顺序，依次讨论效用、生产、成本、竞争、价格。这个逻辑线索从第二章一直到第八章，占了全书十一章的三分之二。

而紧接着的第九章就由此进一步引出一般均衡。显然，这个议题是整个微观经济学的核心。在《西方经济学》(宏观部分）第五版中，第十七章“总需求—总供给模型”也占据着很重要的位置。

那么，在这些论述中，对于需求和供给是怎样介绍的呢?

我们以《西方经济学》(微观部分）第五版第二章为例。在这一章里面，第一节是说明“微观经济学的特点”。在这一节里首先强调了“微观经济学的研究对象是个体经济单位。个体经济单位指单个消费者、单个生产者和单个市场等”(见该书第13页)，并解释了三个层次的考察顺序：单个消费者和单个生产者如何争取最大利益；单个市场的均衡价格的形成；所有市场的均衡价格的形成。这其实正是整个微观经济学的思路。作者很清楚这个逻辑的前提是什么，所以紧接的一段就明确地提出了“经济人假设”。对于这个议题我们已经在前面进行了许多讨论，这里不再重复。有了这两段，作者就用一张图勾画出了整个微观经济学的全貌，用作者的话说就是进行一次“鸟瞰”。这就是图5-1-1(引自该书第15页中的图2-1)。

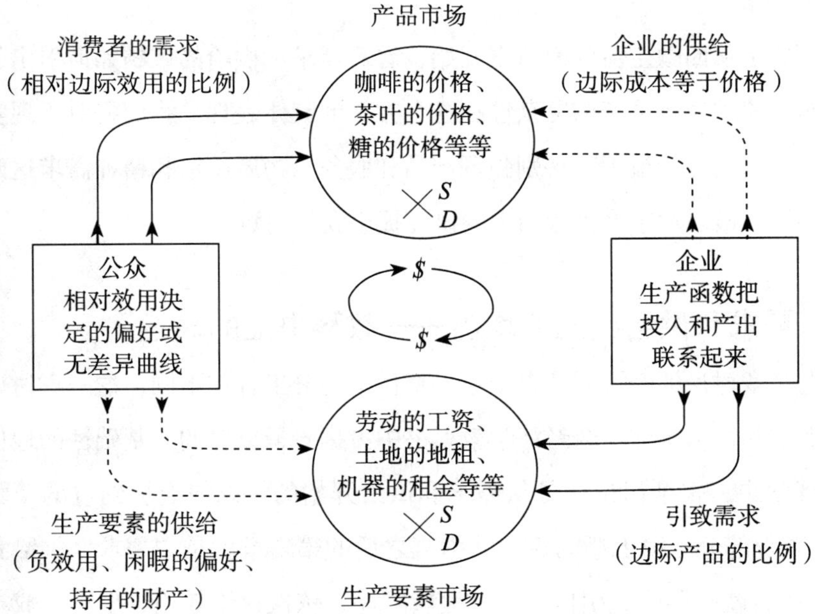

图5-1-1 鸟瞰微观经济学

这幅图在原书中标题为“产品市场和生产要素市场的循环流动图”。作者解释说：通过该图，“可以清楚地看到，在完全竞争条件下，无论是在产品市场，还是在生产要素市场，单个消费者和单个厂商的经济活动都表现为在市场机制的作用下各自追求自身经济利益最大化的过程。正是在这一过程中，每个产品市场和每个生产要素市场，进而所有的市场，都实现了供求相等的均衡状态。在这样的完全竞争的均衡状态中，每一种产品都以最低的成本被生产出来，每一种产品也以最低的价格在市场上出售。消费者获得最大的满足，厂商获得最大的利润，生产要素的提供者根据各自对生产的贡献都得到了相应的报酬。”（见该书第15页。）

紧接着，作者对于全书以后各章相应于这张图中的哪一部分，进行了详细的介绍。对于这幅近乎完美的市场经济图景，我们后面将进行详细讨论。现在还是先来看看对于需求和供给这两个基本概念，教科书给我们进行了什么样的说明吧！

先说需求。教科书说：“一种商品的需求是指消费者在一定的时期内在各种可能的价格水平愿意而且能够购买的该商品的数量。”（见该书第16页。）很明显，这样定义的需求必然受到多种因素的影响。教科书列举了五个因素：商品自身的价格、消费者的收入水平、相关商品的价格、消费者的偏好、消费者对商品价格的预期。（见该书第16—17页。）在分析了这些因素的影响和作用后，教科书定义了需求函数：“所谓需求函数是表示一种商品的需求数量和影响该需求数量的各种因素之间的相互关系。”（见该书第17页。）讲到这里，还是很符合常人思路的。

然而，紧接下去的说明就值得商榷了。书中说“但是，如果我们对影响一种商品需求量的所有因素同时进行分析，这就会使问题变得复杂起来。在处理这种复杂的多变量的问题时，通常可以将问题简化，即一次把注意力集中在一个影响因素上，而同时假定其他的影响因素保持不变。在这里，由于一种商品的价格是决定需求量的最基本的因素。所以，我们假定其他因素保持不变，仅仅分析一种商品的价格对该商品需求量的影响，即把一种商品的需求量仅仅看成是这种商品价格的函数。”（见该书第17页。）这就把五个因素变成了一个因素，把多元函数变成了一元函数。尽管书中说“一次把注意力集中在一个影响因素上”，意思是以后（别的研究场合）会再考虑其他因素，对于任何读经济学课程的学生，当他回忆起这门课的时候，作为最基础的概念的需求函数的印象就是这个一元函数，而没有机会再去考虑其他因素。至少在整个课程中，作为基础的、最根本的理念就是这个简化了的需求函数。

简化的进程到这里还没有完。到了下一页，作者又告诉我们：“微观经济学在论述需求函数时，一般都假定商品的价格和相应的需求量的变化具有无限分割性，即具有连续性。……从而构成一条光滑的连续的需求曲线。”（见该书第18页。）一般的函数（包括有突变点的非连续函数）进一步被约束到连续函数的范围内。接下去，“在微观经济分析中，为了简化分析过程，在不影响结论的前提下，大多使用线性需求函数。”（见该书第18页。）于是，需求函数就再进一步，被简化成了最简单的一元线性函数！

回顾一下上述简化过程，在不到三页的篇幅中，多元函数变成了一元函数，函数变成了连续函数，一般的曲线变成了直线，一般的函数变成了线性函数。所有这一切，是“为了简化分析过程”。至于能不能或者为什么能够“不影响结论”，我们在书中没有看到证明，哪怕是说明。

看到这样的大刀阔斧的简化过程，看到在最基本的概念上的种种先验的假定，我们就不难理解，为什么新古典经济学的理论会面临今天的困境。这也正是科斯所批评的“黑板经济学”的由来。

同样，在接下去的几页中，该书关于供给函数和供给曲线的叙述（见该书第18—20页），几乎完全重复了上述简化过程。在这一段的开头，先是给供给和供给函数下了定义，然后列出了五个影响因素（商品的自身价值、生产的成本、生产的技术水平、相关商品的价格、生产者对于未来的预期）。然后，把五个因素缩小到一个因素，把供给函数限定为一元连续函数，再进一步把供给函数也限定为线性函数。

再下面的一节是“供求曲线的共同作用”，即引入局部均衡的概念。在这一节里，作者的两段说明再清楚不过地表明了新古典主义经济理论的基本理念。在“均衡的含义”一段中，作者用黑体字特别说明：“均衡的最一般的意义是指经济事物中有关的变量在一定条件的相互作用下所达到的一种相对静止的状态。”（见该书第21页。）然后还专门说明：“正因为如此，西方经济学家认为，经济学的研究往往在于寻找在一定条件下经济事物的变化最终趋于相对静止之点的均衡状态。”（见该书第21页。）

综上所述，通过对于西方经济学教材的重新研读，我们可以清楚地看到新古典主义经济理论的静止的、过分强调简化的思维方式和理念。由此我们也就不难理解，为什么传统的经济理论会走到如此脱离实际的地步，这是由他们的思维模式所决定的。

5.2 供需关系的复杂性与多样性

需求和供给的确是经济系统中最基本的概念，从这里开始研究无疑是正确的。问题是不能用简单化的、绝对化的研究思路，而是应该从一开始就重视其复杂性。那么，具体地说，从哪里入手分析和认识供需关系的复杂性呢？ 我们在这里提出一些思考和建议。

供给和需求的影响因素，正在变得越来越丰富和多样化，实际情况比教科书所列举的十种因素更多、更复杂。即使是对教科书中所列举的那些影响因素，也需要分别进行更深入的研究。其中一些因素涉及广泛的社会文化背景，例如，影响需求的消费者的偏好；另一些因素则与技术密切相关，例如，影响供给的生产技术。现实生活已经表明，这些因素不能简单地被视为暂时的、无关紧要的而置之不理，也不是“时间足够长”就可以成为不重要的细枝末节。它们至少是需要更多的、更具体的研究，而不应该认为不重要而从一开始就被排除在外 。

武断地把需求函数和供给函数限定为连续函数和线性函数，肯定是不符合实际的。从原则上讲，连续和离散都是客观存在的现实。无论在自然科学还是社会科学中，不连续的、突变的现象是普遍存在的。近代科学的偏颇之一就是把连续性绝对化，完全否定离散和跳跃。当然，这和人们试图利用微积分有关。微积分的应用是建立在连续性的假设的基础上的。在自然科学领域，由于量子力学的成功，对于连续性的绝对化已经没有市场了。但是在经济学领域里，似乎仍然存在着对于连续性和微积分的过分推崇。从哲学上讲，连续和离散，是客观存在的、宇宙的两张面孔，它们本身就是相对的、互相包含和转化的。如果只是为了便于使用某些数学工具，就在经济系统的研究中限定连续的条件，实在是削足适履。

科学和现实都已经表明，连续的变化和突变都是客观存在的。一般来说，在尺度，包括时间和空间的尺度比较小的时候，我们可以接受连续变化、缓慢变化的假定。但是当人们的眼界扩大的时候，突变就会发生，连续的假设就会失效。在物理世界里，我们已经从相对论和量子力学诞生等事件中，看到了这样的情况；在经济和社会领域，近几十年来的种种所谓的“突发事件”表明，类似的情况也正在发生。曾经有过这样一种说法:“自然界没有突变”，在当时似乎是近代科学的共识，这和牛顿力学、微积分的大行其道是有密切关系的。然而近一百多年来，这种情况已经彻底改变了。随着绝对的确定性的观念被打破，混沌、分叉、突变、蝴蝶效应、耗散结构等现象和规律的发现，使得“ΔX —> 0 则 ΔY —> 0”的连续性不再被认为是宇宙中唯一的、必然的变化模式。熟悉中国传统文化的读者可以在古代哲人的论述中找到相应的表述。比如，老子说过“大曰逝，逝曰远，远曰反。”(《老子》第二十五章。) 这里描述的就是一个连续性的视角，同样地，他又说“道生一,一生二,二生三,三生万物。”(《老子》第四十二章。) 这又是离散的视角。显然，人的直觉是辩证的。绝对化的思维方式恰恰是违反常识和直觉的。新古典主义的经济理论努力向牛顿力学学习，一味追求近代科学意义下的严格的、科学的理论体系，学到的却是物理学界已经抛弃了的、过时的、把连续性绝对化的旧观念。

至于线性函数，则更是一种对于现实的不适当的简化。这是和连续性的假定联系在一起的，因为在某种意义上说，连续函数就是可以用线性函数逼近和近似表示的函数。

还有一点更强的限制，教科书中对于线性函数还要提出这样的限制：需求曲线向下、供给曲线向上。这更缺乏充足的根据。教科书中说对此将在第三章效用论和第六章完全竞争市场中加以论证。（见《西方经济学》（微观部分）第五版，第18和20页。）我们阅读了这两章，看到的是两个进一步简化的假定。在第三章中提出的是“边际效益递减”，在第六章中提出的是“完全竞争”、没有垄断。（见该书第57—97页，第150—174页。）一句话，进一步的简单化，进一步的限制，进一步地脱离实际。关于完全竞争，该书在第七章进行了补充和修正，承认了垄断的存在。这至少在逻辑上是必要的。

但是，关于“边际效益递减”却没有类似的补充。熟悉经济史的读者都知道，经济领域中有没有“边际效益递增”的情况？能不能把“边际效益递减”作为经济的基本规律？这是一个长期争论的问题。前面提到过的圣菲研究所的经济学家布赖恩·阿瑟这方面曾做出了突出的贡献，引起了学术界对于“边际效应递增”现象的关注。近年来在电信行业和电子商务中涌现出来的大量案例，已经充分证明，在从工业时代向信息时代过渡的进程中，许多领域的经济活动并不遵循“边际效益递减”的规律。只要举出手机和奢侈品两个例子，就足以表明这个问题并不那么简单。

事实上，所有这些理论上的偏颇，根源还是在于对需求和供给这两个基本概念的复杂性没有给予应有的重视。传统的经济理论的种种讨论，种种简化，实际上是在工业时代的背景下，针对相对简单的少数物质产品进行的。在当时的条件和环境中，这些简化是合理的、必要的，甚至是不可避免的。问题在于，随着社会的发展进步，需求和供给的内涵不断扩充，复杂性不断增加。在这样的情况下，再这样简化就不合理了。在这方面，比较突出的是两个问题：产品经济和服务经济的区别，物质产品和精神产品的区别。前一个问题涉及面很宽，这里无法加以展开。在下一节中我们仅对于后者——物质产品和精神产品的区别进行一下讨论。

5.3 物质需求和精神需求的区别

人究竟要什么？这个问题在学术界已经讨论多年。在这方面。最著名的要算是马斯洛的五层模型了。根据马斯洛的区分，人的需求包括五个层次。处于最低层次的是生存的需要，即最基本的温饱和物质生活的需要；往上一层是安全的需求，包括物理的、社会的、心理的种种安全感；第三层是情感和归属感，包括对于来自他人或群体的关怀和照顾；第四层是对于尊重的需求，寄希望得到他人或社会的肯定和尊重；第五层是自我的实现，即对于特定的理想、信念、人生目标的实现，从而达到某种自我完成的追求。

对于马斯洛的理论，学术界有各种不同的看法和评价，没有必要在此详细评述。从本章讨论的视角，我们只是希望强调人的需求的多样性和复杂性。这种多样性和复杂性，在新古典经济学的理论中被简化为最简单的、只依赖于价格的线性函数。即使只是对人们最基本的需求，比如粮食来说，这个论断也是说不过去的。对于极度饥饿的人来说得到一个馒头，和对于已经吃了三个馒头的人得到一个馒头，其“愿意付出的价格”是完全不同的。有什么理由认定需求和价格间的关系是线性的呢？现实中，人们经常讲到刚性需求的问题，这就说明即使在物质产品的需求中，情况也要比新古典主义经济学所描述的要复杂得多。

但是我们在这里要强调的是物质需求和精神需求的根本性区别，这比物质产品需求之间的差别的影响大得多。在马斯洛的理论中，越往上层，精神需求的比例就越大。从社会进步和经济发展的角度来讲，也是人们的精神需求的重要性和支出比例越来越大。在这个领域中，现实的状况与经济学教科书所描述的情况实在有着天壤之别。比如，电影的票房价值和电影的质量显然不是成正比的，所谓“叫好不叫座”的情况常有发生，经济效益和社会评价相去甚远。即使在美国也要对于电影实行分级管理，也要保护未成年人的成长环境。如果在这个问题上，把问题简单化地表述成“观众愿意花多少钱”作为尺度，那就不可避免地要走到

“票房挂帅”的邪路上去，低俗化也就是不可避免的了。再比如奢侈品市场的情况。名牌手袋满足的不是装东西的需求，而是炫富的心理需求。在这里绝对不是价格高需求就会降低。我们在现实中已经可以看到在价格后面加一个零，销售额反而增加的事情。为什么需求曲线向上倾斜了呢？理由很简单：精神需求的规律和物质需求的规律是不一样的。在很多情况下，向下倾斜的需求曲线是不符合现实情况的。

精神需求带有强烈的主观性，这就更难以描述和理解。请问，球迷和追星族的精神需求符合什么样的经济规律？在一些私人会所里的高消费，满足的是什么样的需求？在有些地方的洗浴场所出现的数万元的“皇帝头汤”是怎样产生的？而且，现实情况是非常复杂的，物质需求和精神需求往往很难区分。收藏品市场满足的是什么需求？事实表明，这既不是物质需求，也不完全是精神需求，更多的是资本增值的需求，即金融的需求。

还有一些精神需求具有独占性或排他性，它以相对位置为追求目标。说得再具体一点就是以别人的失败为自己的满足。比如说各种各样的选秀节目，我要争第一，当然这就意味着别人的失败。为此付出金钱或其他的代价，并不会让我们感到惊奇。至于扫除贪腐和扫黄中揭露出来的种种现象，包括“寻租”、“卖官”、“色贿”等等，也往往被披上“等价交换”、“市场行为”等经济术语的外衣。

另有一些需求，是在特定环境条件下的产物。例如，医院的号难挂，火车票难卖，就出现了代人排队的服务，进一步发展，就出现了号贩子和票贩子。这些现象有些是在合法的范围内的，有些则已经超越了法律的界限。再比如，阿里巴巴的网店需要对信用和销售量评级，于是就出现了专门为网点制造假业绩的行当；司机被扣分的问题成为关注热点的时候，就出现了为人消分的“服务业”，如此等等，无奇不有。

关于教育、医疗、养老等更为复杂和敏感的需求，我们无法在这里进行更多的讨论。这些议题比上面已经提到的都要复杂得多。然而，即使在马斯洛的模型中，也已经提到了医疗；至于教育和养老已经是几乎每一个中国家庭无法回避的头号难题，无论如何也不能说是不在需求之列吧！

当然，我们无意把所有这些都归罪于经济学，而是要说明，在现实中，所谓需求是非常复杂的。这不仅来自于需求本身的多种多样，而且涉及大量经济以外的因素。简单地用“一条向下倾斜的直线”来概括需求随价格的变化，实在是远远不够的。至少，必须说明这一描述的适用范围，以免被不适当地滥用。

以上还只是谈了需求，满足精神需求的供给方面同样是非常复杂的。在这里的问题是，提高价格，供给就一定会增加吗？一条向上倾斜的直线，就能够概括供给的一般规律吗？只要看看电信行业近年来的发展，就可以看到实际情况绝非如此简单。用通俗的语言来解释，这种观点的实质就是：只要挣钱多就能够吸引更多的社会资源投入，从而提供更多的供给，即所谓“重赏之下必有勇夫”，或者“有钱能使鬼推磨”。如果说，在物质产品的市场上，在一定的范围内，这种观点具有一定的合理性，那么，在研究如何满足精神需求的时候，恐怕就会导致更值得怀疑的推论。以影视市场为例，投资额度的大小和电影、电视剧的质量和艺术水平是成正比的吗？近年来，在文化、教育、科学研究等领域，流行着一种似是而非的观念，似乎只要有了钱，艺术、科学、教育就可以一下子提高到所期望的高度和水平，好的文学艺术作品、先进的科研成果、高质量的学校就能够成批地涌现出来。的确，没有必要的投入和经济力量的保证，这些事业是无法得到健康的发展的。但是这并不等于有了钱就可以为所欲为，就可以超越和改变文化、艺术和科学的自身发展规律。在精神产品的创造方面，尤其是这样。许多事例已经证明，这样的思路和做法往往是“拔苗助长”，不但出不了精品，反而制造出来大批次品、赝品，到头来，受到伤害的还是科学、艺术、文化和教育本身。精神产品不同于物质产品，其创造过程是非常个性化的，不是可以按计划、成批量地加以组织和生产的。

更重要的是，精神需求的满足是与社会、文化、道德等上层建筑领域的议题紧密联系在一起的。对此更不是可以简单地用“价格”来加以评价和判断的。出版界的“码洋第一”，影视界的“收视率挂帅”导致的质量下降和文化低俗化，已经引起了社会各界的关注和讨论。为什么一些明显的炫富、媚富的作品得以问世，并且占有相当的市场？为什么论文抄袭、成果剽窃、学历造假等情况屡屡发生？为什么教育质量的下降和应试教育的顽疾得不到有效的抑制？在所有这些社会现象的背后，我们都可以感觉到一种“潜规则”：金钱万能。其结果，重赏吸引来的不是勇夫，而是贪夫；鬼倒是请来了，磨还是转不起来。这已经不是有可能出现的推论或者凭空得来的臆想，而是当今社会的现实。

总之，随着人类物质生活水平的提高，精神生活需求的地位和重要性不断增长，它和物质需求的区别也越来越明显。如果我们把二百年前的、建立在相对简单的物质产品基础上的供需规律，当作今天经济活动的普遍规律，而不对其适用范围进行必要的限定的话，我们就有可能在不经意中为社会上的错误倾向提供了借口和依据，这恐怕并不是危言耸听。

5.4 小结

作为微观经济学的基础概念，需求和供给，以及它们构成的局部均衡，占据了当今经济学的大量篇幅，是今天培养下一代经济管理人才的重要方面。但是，贯穿始终的简单化、绝对化和静止的思维模式，使得这些内容与实际的距离越来越远。一系列缺乏充分论证的、基于工业时代的社会背景的简化假设，包括连续性、线性和仅限于价格的影响等，使得学生形成的关于经济系统的概念成为科斯所批评的“黑板经济学”。这也就是英国皇家科学院在回答女王的问题时，所不得不承认的经济学教育的现实。

出路在于：正视和重视客观的经济系统的复杂性，包括需求的多样性和复杂性、供给的复杂性、供需关系的复杂性。不同类型的供给和需求存在着质的差别，从而使得需求曲线和供给曲线的形状和走向，呈现出不同的情况。在这里，特别需要注意的是：产品经济和服务经济的差别，物质需求和精神需求的根本区别。也只有这样，才能抑制唯利是图等乱象，使市场经济得到健康的发展。

第六章 信息在经济中的作用，兼谈马太效应及其他

在这一章里，要讨论的是信息在经济这个复杂系统中的作用。传统的经济理论限定了“完全信息假设”，从一开始就把信息的作用排除在视野之内。我们要说明，正是信息的根本性的作用，大大加剧了经济系统的复杂性。从马太效应到“击鼓传花”，众多事实表明，如果忽视信息的作用，否认信息不对称这个基本的、永恒的客观事实，就会使得经济理论的研究严重地脱离实际。在现代信息技术广泛普及和应用的今天，这一情况已经变得更为突出。

因此，我们需要从复杂系统的实际出发，正视和深入研究信息的地位和作用。重点是寻找在信息技术的推动下，信息时代涌现出来的经济的新现象、新特点和新规律。这是经济科学走出困境，走向新的高涨的重要条件。

6.1 从“完全信息假设”到认识信息的作用

在各种西方经济学的教科书中，几乎无一例外地，在一开始就明确给出了两条基本假设：“经济人假设”和“完全信息假设”。前面我们已经对前者进行了不少讨论。现在我们来对于后一个假设进行讨论。

坚持这一假设的经济学家认为，科学就是需要简化和假定的。正如前面提到过的萨缪尔森所表述的观点：既然物理学可以假设无摩擦，从而进行有益的理论探讨，为什么经济学就不能假设信息完全，从而进行有意义的经济学研究呢?

其实，问题并不是可不可以进行简化和假定，而是简化和假定是否符合当

时当地的实际情况和现实需要。而这一点又是随时间、地点、场合的变化而变化的。所以，关键的问题是，这样的简化和假设是否符合实际情况和现实需要？如果说，在亚当·斯密的时代，“信息完全假设”是符合当时的实际情况和现实需要的话，那么，我们今天面对的则是：这样的假设是不是还符合今天的实际情况和现实需要？

近年来，信息经济学的研究者多次获得诺贝尔经济学奖，这一事实就已经充分证明了：“完全信息假设”已经不符合今天的实际情况和现实需要了。比如乔治·阿克洛夫的工作，关于二手车市场的研究，就是一个很典型的例子。这个例子很简单，就是在二手车市场上，消费者很难得到关于二手车的真实信息，按照回避风险的原则，实际质量较高的二手车无法证明自己的质量高，因而也就不容易卖出去。这样的结果是实际质量高的二手车被挤出市场，整个市场走向瓦解。在这里，正是由于信息的不对称，经济主体的行为发生了变化，经典理论所推崇的市场规律就失灵了。

在经济学界，弗兰克·奈特在注重不确定性，并认识到信息的作用方面起了重要作用。他在1921年发表的《风险、不确定性和利润》中，对于不确定性进行了具有创新意义的探讨。与近代科学片面追求确定性、回避和厌恶不确定性的思维定式不同，奈特以积极的态度看待不确定性，指出利润的来源就在于不确定性，而应对不确定性、抓住机遇的关键就在于信息。这一理念上的进步，为后来的信息经济学的各种研究开辟了道路。

我们不妨仔细对比一下“完全信息假设”和奈特的理念的根本差别。这确实是两种根本对立的思维方式。前者对于不确定性心存先天的厌恶，对于一切导致不确定的因素和事情，毫不犹豫地一律排除在视野之外，用“不重要”、“非本质”等种种理由加以排斥，以保证完全确定的理论模型的完美。奈特则是以一种积极的态度看待不确定性，他尖锐地指出，正是由于不确定性的存在，才使企业家的存在具有意义，而利润正是对于企业家的这种作用的肯定和回报。我们可以看到，今天社会上关于企业和企业家的种种说法和观念，究竟属于哪一边？再看看我们的经济学的教育起了什么样的作用？传播了什么样的理念？

奈特的观念创新为经济学家开创了一个新的领域，他不愧为信息经济学的先驱。马克卢普和波拉特从知识的创造和传播的角度，从分工、职业和产业的角度对信息和信息产业进行了研究，在各自的领域阐述和发展了奈特的理念。和奈特的理论不同的是，由于生逢其时，正赶上了现代信息技术迅速发展和广泛普及的大好时机，他们的理论得以广泛传播、大行其道。回忆起在八十年代，波拉特的著作曾在刚刚改革开放的中国广为流传。这一事实生动地表明了社会现实对于理论的渴求。正如恩格斯所说的，实际的社会需求要比几十个大学更能够推动科学的发展。

而在理论思考方面，经济学家们从各种不同的视角切入，对于不确定性和信息的议题进行挖掘，取得了一系列的成果。除了上述阿克洛夫的二手车市场模型外，还有肯尼思·阿罗关于信息成本和信息价值的研究；乔治·斯蒂格勒关于搜索的研究；迈克尔·斯彭斯的劳动力市场模型；斯蒂格利茨的信息甄别模型和保险市场模型等等。对于博弈论的关注，则从另一个方面提醒人们关注信息不对称的深刻含义和作用。逆向选择、道德风险、委托代理等议题也取得了许多进展。“信息完全假设”在经济学理论中的基础地位，已经是千疮百孔、摇摇欲坠。

然而与此同时，同样值得深思的现象是：至今广泛使用的众多教科书中仍然把“信息完全假设”作为事实上的基础和前提假设，而且振振有词。以萨缪尔森的《经济学》为例，尽管每一次再版时，作者都声称已经吸取了经济学领域新的观点和视角，然而，其基本的假设并没有变化。以该书第12版为例。纵观全书洋洋四十章，尽管论及了几乎所有可以想象到的经济问题，然而对于信息不对称这个基本事实却是视而不见。全书没有一章专门讨论这个问题。而多处提及的“完全竞争”，则把重点放在对垄断的讨论上（例如第三章）。仔细阅读这一章，我们可以看到在对于看不见的手的大力赞扬之余，作者轻描淡写地提到：“但是，经过两个世纪的经验和思考之后，现在我们认识到这一学说的适用范围和现实局限性。我们知道，市场有时会使我们失望，存在着市场失灵的情况。两个最重要的市场失灵的情况作为贯穿本书的基调，是缺乏完全竞争以及外部效果的存在。”（见该书第76—77页。）按照该书下面的解释，所谓缺乏完全竞争是指垄断现象的出现。至于所谓外部效果（按照国内的通用说法称为外部性），则是经济学家为自己解释不了的事情发明出来的一个聪明的遁词。在这点上，国内的教科书比萨缪尔森坦率，明确地指出了“信息完全假设”的基础地位。不知道是有意回避，还是观点所限，在该书中几乎完全看不到关于信息的作用。既然这样一部权威的教材是这样的态度，我们也就不难理解阿克洛夫关于二手车市场的论文会被屡屡拒绝刊载。所谓偏见比无知更有害，正是如此。理论偏差的危害可见一斑。

的确，正如萨缪尔森所说，经过二百多年的实际检验，这种基于“完全信息假设”的思维模式已经暴露出其局限性。特别是近几十年来信息技术和信息产业的飞速发展，使得坚持这样一种过时理念的僵硬态度已经越来越没有市场了。越来越多的学者突破传统思维的框架，已经进行了许多有益的探索和研究。

6.2 信息资源的特点和信息不对称的必然性

在有关信息和信息的作用的研究中，有两个方面的探索特别值得关注，即对于信息资源的理解和对于信息不对称现象的观察。我们在这里对这两个问题进行一点讨论。

把信息作为资源的观点，是从实际中提出来的。20世纪后半叶以来，关于物质、能量、信息三种资源的观点，越来越得到人们的认同。大量事实已经充分表明，在同样的物质、能量条件下，由于信息（或者说知识、数据、管理）的作用，能够产生极不相同的效果。所以有人曾用诗歌的语言形容道：“没有物质的世界是空虚的世界，没有能量的世界是死亡的世界，没有信息的世界是混乱的世界。”这种新的理念的崛起正在成为新世纪的一种值得关注的现象。

然而，信息和物质、能量有着本质的区别。如何在承认信息资源的基础上，重建我们对于社会和经济的理解和认识，是一个刚刚开始的漫长过程。比如，最基本的一点：信息资源是可以大家同时共享的，而物质和能量资源是独占的。一个馒头我吃了，你就不能再吃。一首歌曲我听了，并不妨碍你也听。建立在交换（即所有权转移）的基础上的经济学理论，如何看待这样的资源、产品和产业呢？这是一个至今纠缠不清的议题。信息化、信息经济、信息社会现在已经成为相当时髦的用语，甚至已经进入了政府文件和领导人讲话。然而这些概念至今还不是很清晰的。当人们用着工业时代形成的、以“完全信息假设”为基础的理论与术语，对于信息时代的现实议题，进行经济学和社会治理的讨论，其混乱和失落几乎就是必然产生的了。这恰恰正是我们今天所面对的理论困境的真实状况。

在这里，我们并没有给出信息资源的确切定义、度量方法以及如何纳入经济学基础理论的方案。这需要大量的、长期的研究，也许不是一本或几本专著所能够回答的。但是，如果不突破“完全信息假设”的束缚，这样的研究甚至无法开始。这就是我们在这里要呼吁和强调的。

从现代系统科学和复杂性研究的视角来看，还有一个问题是需要强调的。这就是信息不对称的必然性。用专业的术语来说，局部对于整体的无知是必然的、不可避免的。复杂系统是分层次的，每一个层次中的个体，各有自己的利益取向、行为规律；它们对于整体的利益取向和行为权衡并不知晓，也不关心。亚当·斯密对于“看不见的手”的推崇，正在于强调了在不知道、也不关心整体利益的情况下，个体的利己行为能够实现整体，即系统状况的平衡，甚至优化。从人类对于复杂系统的认识来说，他的发现是一个重大的突破，体现了对局部和整体的辩证关系的深刻理解。遗憾的是，他的后继者们从不同的方向进行了误读，导致了各种各样的误解。

有一些人，看到局部利益和整体利益的这种不一致和矛盾，认为这种“无政府状态”是万恶之源，从而走到了完全否定局部利益和个体行为取向的极端。在这种观点看来，个体为了自身利益的行为取向是绝对有害的、必须加以限制，甚至取缔的。个体只有做“齿轮和螺丝钉”的份儿。这种理念是相当普遍的，我们既可以在计划经济的理论文献中读到，也可以从卓别林的无声电影《摩登时代》中形象化地感受到。排除掉意识形态的争论，从思维方法上讲，抹杀个性、片面强调整体利益是这种偏见的根源所在。由此造成的现实灾难恐怕已经没有必要在这里重复了。

然而，在另一个极端，完全否认整体利益，把局部利益和无政府状态美化、神化到极端，一听到“宏观调控”和“社会责任”就本能地反感，这也是我们现在经常遇到的一种偏向。正像不能完全否定个体利益一样，整体作为一种独立于个体的主体，它的利益和行为规律同样也是不可否定的、客观存在的现实。这种无节制的、极端化的自由主义，把任何自上而下的干预都看成是有害的、必须完全拒绝的。由此造成的后果，我们已经在2008年以来的多次危机中看到。从冰岛危机到美国的次贷危机，事实已经证明了这种极端同样会给社会和经济，包括消费者和企业家自己带来灾难。

历史的辩证法是最客观、最公正的。在任何层次上，个体利益和整体利益的有机结合和合理权衡，是系统稳定和健康发展的基本保证。而这种结合和权衡不但需要正确的理念，还需要实事求是的具体分析。所谓“治大国若烹小鲜”就是这个意思。在当前的中国，我们既可以看到计划经济体制根深蒂固的、无所不在的影响，也可以看到在绝对的自由主义理念下导致的“一切向钱看”的思想以至道德的混乱。在这种情况下，我们认为认真研究现代系统科学和复杂性研究的理念，对于正本清源、长治久安是至关重要的。

这些理念的基本点包括：每个层次的客观性和合理性；在每个层次上的个体利益与整体利益的区别和联系；它们之间的你中有我、我中有你的辩证关系等等。就经济理论来说，分工合作的深化，使得这些议题更加突出，矛盾更加尖锐，信息的不对称更加明显。在这种情况下，任何绝对化的、片面强调某一个方面的思维，都会导致冲突和矛盾。无论对于理论研究来说，还是对政策选择来说，都是需要非常小心、非常细致地深入思考的。在这些基本理念上，失之毫厘谬以千里，万万不可掉以轻心。

6.3 马太效应——认识和对策

与信息的作用相关的一个重要问题是马太效应。这个问题与前面讨论过的正反馈有关，也和本章讨论的信息的作用有关。

马太效应的存在是一个客观事实，恐怕没有人能够否认。需要讨论的问题是，它是必然的，还是偶然的，以及我们应当如何认识和对待这种现象。在复杂系统中，正反馈现象是一种普遍存在的发展机制。和负反馈一样，在复杂的因果关系的链条或网络中，正反馈的现象是经常可以看到的。在社会和经济系统中这种情况更加普遍，产生的作用和影响也更大。按照索罗斯的讲法，社会科学和自然科学的根本区别在于人的作用。由于人的作用，观察和认识的客观性受到了影响。用他的说法就是“反身性”（reflexity），即人本身在和环境的对话和交流过程中的变化。我们从一开始讨论分工的时候，就谈到了分工对于人自身的影响。随着分工合作越来越细化，每个人从事的工作越来越专业化，相应地对其他的工作和领域就变得越来越“无知”。这种情况是不可避免的，在某种意义上讲也是不可逆转的。从这种意义上讲，马太效应是必然的、不可避免的。

对于系统来说，马太效应的后果有两种可能性：系统的崩溃和系统的进化。如果由于正反馈的作用，系统的状态失去了平衡，造成了各种组分的矛盾激化和激烈冲突，以致系统崩溃，在社会发展上就表现为动乱和崩溃，其结果是系统状态的倒退甚至覆灭。在生态和社会的领域中我们都不乏这样的案例。另一种情况则是彻底改变系统的格局和结构，在新的情况下，形成新的平衡，整个系统达到一个新的状态。人类社会的进步就是如此。今天我们正在经历的从工业社会向信息社会的过渡也将是这样的一个过程。

所以，我们对于马太效应的态度应该是：正视现实，面对变革，避免冲突，建立新的平衡。自然科学中的耗散结构理论给我们提供了有益的类比和启发。在传统的热力学中，由于把平衡和稳定混为一谈，曾经出现过所谓“热寂说”。这种观念把封闭系统中，能量分布趋向平衡的规律不适当地推广到整个宇宙，得出了宇宙走向死亡的悲观结论。比利时学者普列高津和他的布鲁塞尔学派，创造性地提出了远离平衡的稳定状态——耗散结构的理论，从理论上和实验中给出了令人信服的论证和证据，得到了学术界的普遍重视。这个成功的案例给我们的启示是：正反馈现象（在耗散结构理论中被称为涨落的非线性放大）的作用是有两种可能性、两种前途的。在这里，干预的作用是关键。我们在这里用了干预（interfere）这个词，这是因为我们要和“控制”以及“生长”两个概念有所区别。控制的意思完全是自上而下的，忽视了自下而上的作用。生长则相反，强调了自下而上的作用，而没有自上而下的作用。我们用干预这个用语，就是希望把这两者结合起来。既不是完全放任不管地听其自然地发展，也不是一切自上而下地规定和指挥。这种干预是顺应生长的规律，在关键点（用统计物理的语言来讲就是在分叉点）上，间接地调控某些环境变量，从而使马太效应的作用向良性的方向发展，避免恶性的、破坏性的发展方向。这就是我们的看法和建议。

关于在关键点处的干预的作用，我们可以从物理学中的“倍周期分叉”现象中得到启发。对于了解物理学的读者，这个概念是很熟悉的。对于不了解这个概念的读者，我们在这里简单地做一点解释。在常见的许多情况下，一个系统的稳定状态是唯一的。但是，从20世纪中叶以来，科学家们发现，在一些系统中存在着多稳态的情况，而从单稳态进入多稳态的时候，究竟出现多个稳定状态中的哪一个，则往往取决于当时当地的某种偶然性，即分岔点处的内部或外部的干预因素。在这方面，逻辑斯蒂方程是一个简单易懂的实例。

所谓逻辑斯蒂方程是来源于生态科学中的一个模型。假定我们需要考察自然界中某一种昆虫每年的数量。我们用 X_n 表示第 n 年的昆虫的数量。下一年的昆虫数量取决于上一年昆虫的数量。这里的决定机制包括两个方面。一方面，上一年的昆虫越多，产卵就越多，下一年的昆虫数量就会越多，这是一种正向的作用。另一方面，一定的生态环境所能够承载的昆虫数量是有限的，昆虫太多，生存空间受到挤压，死亡率就会增加；所以上一年的昆虫数量越多，对于下一年的昆虫数量又有一定的负面的作用。那么，随着时间的进展，昆虫数量的变化会呈现出怎样的情况呢？把这两种情况都考虑在内，人们就得到如下的递推公式，即逻辑斯蒂方程。

$$X_{n+1}=A\times X_n\times(1-X_n)$$

在这里，方程左边的 X_{n+1} 表示第 n+1年的昆虫数量；方程右边的第一个 X_n 表示正向的作用，后一项（1–X_n）表示上述负面的作用，前面的系数 A 则是综合了各种因素得出的一个参数。只要给出第零年的昆虫数量 X_o 和参数 A，使用计算机很容易算出后面各年的昆虫数量。为了计算方便，我们把昆虫数量 X_n 归一化，即把该生态环境所能够容纳的昆虫数量定为1，而每年的数量即为0到1之间的一个数字。

计算的结果表明，系统的长远发展趋势与 X_o 无关，仅和 A 有关。A 的合理范围不超过4。当 A 在1和3之间的时候，昆虫数量会逐渐稳定在一个固定的数值上。（具体结果为：1—1/A。）然而，一旦 A 超过3，情况就不同了，X_n 会在两个状态之间来回摆动，比如 A=3.15时，X_n 会在0.533和0.784之间来回摆动。显然在 A=3处，系统的情况发生了质的变化。系统的稳定状态从一个变成了两个。

更精细的研究告诉我们，随着 A 的数量增长，还会出现四个、八个以至更多的稳定状态。这就是“倍周期分岔现象”。实际上，在现实的生态系统中，我们可以看到许多类似的现象。例如，果树的大年和小年，海洋中鱼类数量的起伏变化等等。从方程来说，一个参数的变化，就带来了系统行为的质的改变。这就不难理解，在实际的生态系统中，一个偶然的因素变化，会带来巨大的灾难。实际上，从更广泛的意义上讲，这种分岔现象早在法拉第的实验研究中就已经被观察到。

所以，我们从自然科学中可以充分地体会到系统演变和发展的复杂多变。这方面在近年来的科学进步中已经有了许多经验。即使我们不去深入各种技术细节，也已经可以感受到大自然的丰富多彩，这绝不是简单化的思维所能够限制住的。对于这个例子感兴趣的读者，可以参看《系统科学与方法概论》（陈禹、钟佳桂编，中国人民大学出版社，2006年，第三章，第四节）。

6.4“寅吃卯粮” 和“击鼓传花”是如何产生的

在结束对于信息作用的讨论之前，我们再对两种现象进行一点讨论。这就是所谓“寅吃卯粮”和“击鼓传花”的现象。

在信息经济学的研究历史上，关于“逆向选择”和“道德风险”的讨论，是大家都很熟悉的。这两种现象表明了，在信息不对称的情况下，市场主体的行为会发生怎样的变化，并由此使得理想化的市场走向失灵。对此的研究已经很多，这是关于信息作用的非常有力的证明。对此大家都很熟悉，这里就不再重复了。我们在这里提出另外两个案例，即我们近年来经常见到的“寅吃卯粮”和“击鼓传花”的现象。

其实，从亚当·斯密关于看不见的手的表述中，我们就已经可以看到信息作用的影响。我们不妨重温一下《国富论》中的名言：“每个人都在力图应用他的资本，来使其生产品能得到最大的价值。一般地说，他并不企图增进公共福利，也不知道他所增进的公共福利为多少。他所追求的仅仅是他个人的安乐，仅仅是他个人的利益。在这样做时，有一只看不见的手引导他去促进一种目标，而这种目标绝不是他所追求的东西。由于追逐他自己的利益，他经常促进了社会利益，其效果要比他真正想促进社会利益时所得到的效果为大。”（转引自《经济学》（第12版），第67页。）关于动机和效果是否一致的问题，我们这里不去讨论。在这里我们关心的是：人们是否知道自己的行动的后果，不管这种后果是正面的还是负面的。这正是我们所说的“个体对整体的无知”。

“逆向选择”和“道德风险”涉及的主要是个体之间的信息不对称，还不是个体利益和整体利益的冲突。在阿克洛夫的二手车市场模型中，市场失灵出现的根源是：买主无法得到二手车的质量的确切情况。由于缺少这样的信息，买主的行为发生了变化，不敢买价格贵的车，趋向于买比较便宜的车，从而导致了整个市场的衰落和崩溃。至于市场上消费者由于无法确切得知产品的质量信息而蒙受损失的事例，实在是数不胜数。这些讨论是众所周知的，没有必要进一步展开。

然而，我们这里要说的“寅吃卯粮”和“击鼓传花”，则具有完全不同的性质。前面已经多次提到，近期利益和长远利益的冲突、局部利益和整体利益的冲突，是复杂系统中所有问题的根源所在。“寅吃卯粮”说的是近期利益和长远利益的矛盾。在这里所说的近期和长远，既包括个体利益也包括整体利益。毫无疑问，在实践中长远利益更多地是整体利益，因为个体的时间尺度无疑要比整体短，例如：总统和官员的任期的影响、人的寿命的影响等等。至于“击鼓传花”的现象，同样也包含了个体利益和整体利益的冲突在内。一枚定时炸弹在人们的手中传递，从整体来说，爆炸的发生是确定的、毫无疑问的，个体关心的是“不要在我的手里爆炸”，当然其结果就是“最好在别人手里爆炸”，这是个体利益的冲突。但是，一旦炸弹爆炸，受害的不仅是个体，也包括整体。所以这里，定时炸弹是一定要爆炸的，整体是毫无疑问的、必然的受害者，而个体则还有是不是在自己手里爆炸的侥幸。

再进一步，回到斯密的表述，个体是否知道“他所增进的公共利益为多少”。这里的“增进”二字需要扩展为“增进或减少”，或者按经济学的术语，包括正效益和负效益。当然我们这里并不是要进行道德的拷问，而是分析客观的实际情况。不必解释，“寅吃卯粮”的最明显的现成案例，就是我们今天面临的环境问题。如果说，在二百年前的亚当·斯密的时代，人们可以说“不知道”煤和石油使用的负面效果，那么，在三十几年前，中国的改革开放开始的时候，我们能不能说“不知道”这样的后果呢？随着人类知识的扩展和增加，恐怕“不知道”的情况会逐渐减少，而“明知故犯”的“寅吃卯粮”的情况将会越来越多。所以，问题又归结到前面所说的两个基本的利益冲突上来。

“击鼓传花”的现成案例则是近年来的金融危机和次贷危机。前面提到过2008年金融危机后，英国女王向皇家科学院提出过“为什么没有预测到”的询问。皇家科学院事后提供的报告承认，是经济学的教学和研究脱离实际。据说，一位著名的经济学家的回答更加振振有词：“经济学的预测结果是：这种事情是无法预测的。”我们不知道，这是遁词，还是真心话。前两年网上曾流传过一份材料，是一个曾经在高盛公司工作过的人提供的。他揭露，在那个圈子里的人们，轻蔑地把客户称为“提线木偶”，炫耀自己如何把垃圾产品加以包装，推销给他们。在这种情况下，难道还能说是“不知道”吗？难怪在雷曼公司倒闭之后，美国政府出手救市，立即引起了人们巨大的愤怒。

如果我们深入地分析周围的经济生活，就不难发现许多类似的现象：房地产泡沫、广告费用的恶性膨胀、收藏品拍卖的天价频现、奢侈品市场的畸形发展等等。在这些现象的背后，我们都可以看到一个共同的特点：明知对于整体利益和长远利益是有害的事情，明知对于其他的个体会造成危害的事情，然而在“个体利益最大化”的理念的支撑下，都成了“理性选择”。

回到我们的讨论中来，所有这些现象至少已经充分地表明，回避信息的作用，听任种种“寅吃卯粮”和“击鼓传花”的现象蔓延，我们的经济和社会将会面临更多的冲突和矛盾。虽然不能指望立刻找到解决所有这些问题的现成药方，但是作为“经世济民”的科学，经济学的研究者们难道不应该进行冷静地反思，想一想回避信息作用的、传统的经济理论究竟出了什么问题吗？

6.5 小结

本章围绕信息在经济中的作用展开讨论。

传统的经济理论固守着“完全信息假设”，坚持认为这是必要的、可以接受的、科学的简化。然而，理论和实践都已经提供了充分的证据，表明这种过分的简化正是使经济理论失去科学的预测能力的根源所在。在现代信息技术迅速普及、信息产业蓬勃发展的今天，由信息引发的、新的经济和社会现象层出不穷、比比皆是。

从众所周知的马太效应，到近年来越来越多的“寅吃卯粮”、“击鼓传花”等现象，我们处处可以看到信息不对称导致的种种后果，提出的种种问题。不可否认的基本情况是，我们今天面临的经济系统，要比亚当·斯密时代复杂多了。再用简单化的思维方式，再一厢情愿地假定所有市场的参与者都能够有效地掌握和利用信息，是无法面对今天的经济与社会的。出路就在于，承认和面对信息不对称、个体利益和整体利益的冲突、近期利益和长远利益的冲突，理解马太效应的两种后果：系统的进化和系统的崩溃。引进现代系统科学和复杂性研究的理念，在关键点干预系统的变化，使其向良性方向发展，避免恶性的破坏性的发展，建立新的平衡。认真探索信息时代的经济和社会这个前所未有的复杂系统。

第七章 经济系统中的质和量，兼谈价值

这一章我们要讨论的是关于价值的议题。把这个问题放在这一部分的最后来讨论，是因为它要比所有上面的议题更加复杂、更加困难。正像人们常说的："最后要说的往往是最困难的。"这个问题确实是无法回避的，我们必须在力所能及的范围内，尽可能地提出我们的思考。

和前面一样，我们还是从已有的理论出发：劳动价值论和边际价值论。这些基本理念将是我们讨论的起点。这里的核心问题是，对于经济这个复杂系统，进行定量研究的视角和切入点究竟在哪里？从哲学上说，任何质都需要表现为一定的量，而任何的量的度量都要建立在明确的质的基础之上。另外，这里还必然要涉及另一个议题，这就是数学在经济研究中的地位和作用。

7.1 经济学中关于价值的各种观点

在经济学领域关于价值理论的争论已经持续了两百年。按照亚当·斯密、李嘉图、马克思的传统，劳动创造价值是基本的出发点。然而，从所谓边际革命开始，以边际效用为基本出发点的观点逐渐占据了主导的位置。到了今天，不同的观点依然在争论和探讨之中。而在实际的运用和教学中，多种要素各自贡献的理论似乎已经成为共识和通例。

比较完整地论述价值问题的，主要有三个派别：劳动价值论、均衡价值论和边际效用价值论。其中，我们最熟悉的当然是从亚当·斯密到马克思的劳动价值

论。不过，后面两种理论这些年来在中国也得到了广泛的传播。

按照劳动价值论，价值是劳动创造的，其实质是抽象劳动的凝结，劳动是价值的主要的，甚至是唯一的来源。如果是这样，劳动者个体就是价值的概念和度量的基本出发点。然而，谁都知道离开市场这个整体，谈论个体劳动的意义和价值是无的放矢。劳动价值论如何回答这样的问题呢？简单地说，劳动价值论认为：商品是使用价值和价值的统一体，具体劳动创造使用价值，抽象劳动即人类无差别的劳动创造商品的价值。而劳动的天然尺度无疑是劳动的时间，而决定商品劳动价值量的劳动时间必须是在特定的社会里、一定阶段的平均劳动时间，而不是个别劳动时间。

而以庞巴维克为代表的边际效用价值论也是从个体出发，不同的是他们是从效用出发进行讨论。他们认为，商品的效用是指物品满足人们欲望的能力，而边际效用则指每增加购买一单位的某种商品给消费者带来的总效用的变化量。他们认为商品的价值不是其自身的属性，它是人的欲望同物品满足这种欲望的能力之间的关系，即人对物品效用的“感觉与评价”。他们认为效用才是价值的源泉，它是形成价值的一个必要而非充分的条件，价值的形成还需要商品的稀缺性。稀缺性与效用相结合才能形成价值。所以，简单地说他们认为劳动是无法衡量的，然而，他们的做法却是把注意力转向更无法衡量的主观评价。

以马歇尔为代表的均衡价值论则从一开始就强调了系统的作用。他们认为：一种商品的价值，是由其供给状况和需求状况共同决定的，这是它区别于以上两种理论的基本思路。他们所说的均衡价格是指商品的供给与需求相均衡时的价格，它由一定的商品对消费者的边际效用决定。这种理论融合了供求论、边际效用论、生产成本论，以供需分析为主线，论证了价格，特别是均衡价格的形成过程。问题在于，它用价格的概念替换了价值，以市场价格来决定价值，以对市场价格的分析取代了价值如何确定和价值的概念等问题，将影响价格水平的供需关系作为产生价值的力量，这就难免受到理论上的质疑。

事实很清楚，价值的创造确实不是任何一个因素或要素所能够单独完成的。

按照系统科学的观点，价值的增加是1+1 > 2的结果。于是，问题又是出在简单化的、一元论的思维方法上。为什么一定要把价值的创造归结到一个唯一的根源上呢？为什么不能既考虑个体，又考虑个体之间的关系和整体效益？显然，非此即彼、唯一根源这样的思维习惯是人们在这个问题上陷入僵局的根源所在。就如前面已经多次提到的，分工合作的结果使得社会财富得以增值，离开分工合作的任何一方，这种增值都不会出现。在这种意义上讲，各方都可以振振有词地说，“没有我就不会出现这样的增值”。所以，所谓“谁养活谁”的问题从本质上说，实在是一个伪命题。

如果再追问下去，在所谓价值问题的讨论中，主体是谁？是社会中具体的个体，还是社会整体？而且如前面已经讨论过的，即使个体的需求也是非常多样化的，同一件事物、同一项服务，对于不同的人来说，价值可能相差很远。传统的经济理论从边际效用的理念出发，强调有效需求必须是人们愿意并且能够支付的需求，也就是说这并不是个体自己的一厢情愿，而是在特定的社会经济环境中的特定属性。而所谓供给同样也是人们愿意并且能够出售的产品或服务。显然，不管从哪个视角来看，所谓价值问题并不是简单的、个体的、自身具有的属性或度量，而是一种社会的、系统的属性或度量。

因此，事实上劳动价值论和边际效用价值论虽然是从个体出发，但它们在讨论和发挥的过程中都已经把价值的问题系统化、社会化了。均衡价值论虽然强调了市场上的供需关系，却无法回答个体在价值形成中的地位和作用，又使得价值的概念落了空。所以，要能够说清楚这个问题，就必须从根本上对于质和量的关系、定性和定量的关系进行梳理。这就是我们下一节要探讨的议题。

7.2 关于复杂系统中的定性和定量

从上面的讨论已经可以看出，经济领域中关于价值的意见分歧，根源在于对于复杂系统的状态的观察视角和评价标准。显然，为了想明白这个问题，我们需要追根溯源，谈谈一些最基本的认识规律。

一般地说，人们观察或考察系统，往往可以从定性和定量两个角度入手。所谓定性，就是对于系统的状态做出质的判断，比如：平衡或者不平衡，稳定或者不稳定，健康或者不健康等等。粗略地说，就是好还是不好。所谓定量，就是在定性的基础上，从某一个侧面进行量的比较。比如说，重量、长度、质量等等。这就是哲学家早就说过的，世界的变化有两种形式：质变和量变。

对于这两个概念，我们最熟悉的提法是：由量变到质变；或者说得详细一点，量变是比较缓慢的、经常性的、在一定思维框架范围内的变化，而质变是比较激烈的、不是那么经常发生的、需要改变思维框架的变化。从认识的角度来讲，定性是对于事物的类别或归属的基本认识，对于是什么或者不是什么的判断；而定量则是在对于事物的类别或归属已经确定的基础上，对于同类事物之间的个体差异的评价和比较。对于这些看法恐怕不会有什么异议。

问题在于，这两者之间的关系究竟是怎样的？说得再直接一点，质变能不能归结为量变？正是在这个问题上，复杂性研究的思维方式和传统的思维方式存在着巨大的分歧。科学史上的许多事例表明，在近代科学的思维框架中，隐含着对于质变的忽视和否定。在一些人看来，宇宙的无限性只是表现在量的方面，而在质的方面则是有限的。这方面最典型的例子就是拉普拉斯的观点："牛顿是幸运的，他发现了宇宙运动的规律，而宇宙只有一个。"显然，在这种观点看来，所谓宇宙的无限性只不过是三维空间的无限扩展、时间的无限延续而已，支配宇宙运动的规律只有一个——牛顿力学的理论。由于受到当时的技术条件和人类视野的约束，这样的"自信心"曾经成为学术界的主流，直到今天的一些所谓"科学主义"的思潮仍然坚持这样的思维框架。其实，对于这种观点的谬误，历来的学者们早就多有批判。例如，黑格尔就曾经把这种只承认量的无限性、不承认质的无限性的观点称为"恶的无限性"、"虚假的无限性"。

20世纪以来的大量科学发现大大拓宽了人类的眼界。这些新的知识在潜移默化之中，已经并且还在使人们的观念发生着变化。除了其他种种变化之外，对于宇宙在质的意义上的多样性和无限性的认识，是一个重要的方面。拉普拉斯的

“宇宙只有一个”的论断，已经被不同层次的不同物理规律所彻底打破。所谓“学科的成熟程度用其应用数学的程度来衡量”的观念也已经在现实面前受到了多方面的质疑。(关于数学的作用，我们在后面还要专门讨论。)人们曾经把缺乏定量研究作为古代科学的局限性加以批评，而有意无意地走上了片面强调量变，而忽视质的多样性和无限性的危险方向。钱学森教授强调“定性与定量相结合”，也正是针对这种片面强调定量的偏向而提出来的。

那么，这两者究竟应该怎样结合呢？在人们认识世界的进程中，它们又是怎样分工合作的呢？从目前我们的知识和经验来看，是不是可以有这样一个判断：对于比较宏观、时间和空间的尺度比较大的议题、跨越层次的复杂系统，我们需要更多地考虑和重视定性的认识和判断，而不是一下子钻到数量的统计和分析中间去。道理很简单，在质的判断还没有把握准确的时候，讨论量的具体计量是没有意义的。而对于比较微观、时间和空间的尺度比较小的议题、局限于同一个层次中和同一类主体间的比较简单的系统来说，定量的研究往往成为主要的考虑和要素。这同样是很简单的道理：在这样的语境和论域中，评价指标体系的内涵和含义都是比较明确的，定量研究是有可靠的基础的，也是现实所迫切需要的。这里并没有水平高低之分，只是说明针对不同类型的问题需要采用不同的研究方法和思维方式。

在上述讨论中，我们可以看到承认世界在质的方面的多样性和无限性，将能够为正确处理定性和定量的关系提供基础。回到哲学的基本理念上来看，在所谓定量研究中，任何量的比较都是针对可比的对象进行的。换句话说，对于在某种意义上讲，可以被归入同一类中的若干研究对象，我们才能够进行量的比较。这显然必须是以质的判断为前提的。例如医生看病，需要对于病人进行定量的检测。于是就产生了身高、体重、血压、体温等一系列指标和进一步的分析。这些指标对于除了人以外的对象，比如桌子和树木，就没有什么意义，或者说具有完全不一样的意义。在这里，所有的人作为一个类，就已经规定了可以进行测量和比较的若干指标，或者讲得技术性一点，必须已经有了一个指标体系或属性系列作为定量研究的基础。这样的质的判断，正是医生进行定量分析的前提和基础。我们不妨把这称为可比性约束。

另一方面，这些定量的指标必须构成指标体系。换句话说，每个指标只是反映事物的一个方面的属性，只有完整的指标体系才能比较完整地反映事物的全貌。比如，两个人的比较，可以比较他们的身高，也可以比较他们的体重。然而，这些比较都只是就事物的一个方面而言的，既不可以简单地相加或累计，也不可以超越所讨论的语境和议题。就像一斤苹果和一斤梨，除了说明它们的重量相同之外，既不能说明它们的经济价值相同，也不能说明它们的营养价值相同。同样地，一项重要的科研成果和一部优秀的小说之间也无法进行定量的比较。我们能够做出判断的，只有一点，那就是它们都是人类宝贵的精神财富。所以，定量的研究和观察不可避免地需要被限制于一定的语境和议题之中。我们不妨称之为局部性约束。

由于这两个约束，我们可以得出这样一个基本判断：在一定的意义下，质的判断需要先于量的比较。或者把这点反过来说，任何量的比较和度量，都必须是在一定的质的判断的基础和前提下进行的。在现实中我们经常可以看到一些似是而非的怪现状，就其思想方法而言，往往正是在这个问题上发生了偏颇。仅举两个例子：在某大学评定职称的时候，相关部门提出按科研成果的字数作为比较科研水平的标准；在评比电影的时候，评论者以票房的数量作为标准。这些所谓"定量"的"科学方法"，除了明显地服从于既得利益集团的私利之外，从思维模式来说，实在是对于"定量管理"这种科学方法的嘲弄。

必须说明的是，我们这里绝对没有否定定量研究的意思，也没有说"定性比定量重要"。任何质都必须体现为一定的量，这是绝对正确的，绝对必要的。没有量的比较和度量，就不会有我们今天的科学、技术以至整个现代文明社会。在这个意义上，强调"科学管理需要量化管理"，强调"一门学科的成熟程度可以用它使用数学的程度来衡量"都是很有道理的。我们要讨论的是，定性和定量这两者的关系究竟是怎样的？究竟怎样才能有效地做到钱学森教授所提倡的"定性和定量的结合"？说得具体一点，我们认为目前影响我们做到这一点的主要倾向是，用简单化的思维方式，忽略可比性和局部性这两个基本约束，片面地强调、不适当地应用某一局部的定量标准去进行度量和分析，从而从根本上否定了、混淆了不同的质。这种情况在社会上和学术界比比皆是，经济理论可以说是一个典型的领域。下面一节我们就来讨论这个问题。

7.3 经济领域的定性和定量

上一节我们对于定性和定量的问题进行了一般性的讨论。现在我们从一般理念进入具体的经济领域，显然价值问题就是经济领域定量研究的核心。关于定性和定量的讨论，对经济理论领域来说，就是对于各种价值理论和计算方法的评价和讨论。

在本章的第一节，我们已经对三种价值理论进行了比较。如果根据上一节我们的讨论，这些关于价值的理论无非都是从某一个角度，对于市场经济中进行交换的商品，进行评价和估算。劳动价值论从生产和成本的角度出发，强调财富的各种要素，特别是劳动。而边际效用价值论则侧重于效用和需求，是从消费者的角度来看待的。而均衡价值论则站在市场的角度，以供需的均衡为标准。应该说，他们各有各的一定的合理性，各有各的道理，而且各有各的用处。

对于传统的、以生产物质产品为主的经济系统来说，多生产一个产品，就要多付出一份劳动，多消耗一份原材料，劳动价值论的道理和有效性是十分显然的。然而，对于近年来发展起来的许多新型服务业来说，情况就复杂得多，劳动价值论的分析就会遇到困难和尴尬。以电信行业为例，当基础设施建设达到了一定的规模和水平的时候，多打一个电话，并不需要多付出一份原材料，多付出一份劳动，相反地，打得越多，分摊的成本就会越低。关于这方面的差别，北京邮电大学的舒华英教授在他的《比特经济》（商务印书馆，2013年）一书中提供了大量的实际案例和深入分析，建议读者阅读，在这里无法详细引用。我们只想强调这样一个事实：劳动价值论的适用范围是有一定边界的，在当今信息经济兴起的时代，面对大量的信息服务业、旅游业、文化产业，其对于价值形成的分析显然是过于简单化、绝对化了。说实在的，经济学者并不是没有看到这点，在经典著作中也对于这种简单化做出了修补和解释，例如简单劳动和复杂劳动的区分、过去的劳动的沉淀、外部性和搭便车等等。然而，由于总想用一种理论概括所有的经济现象，这些修补和解释总是难以解释日新月异的社会经济现象，总是显得勉强和牵强附会。

边际效用价值论和均衡价值论的情况有些不同。由于计划经济实践失败的历史原因，一时间"看不见的手"声望大增，市场导向被许多人看成是经济行为的绝对的，甚至是唯一的动力和行为标准。然而，正如茅于轼教授早在十几年前就指出的，这样的绝对化的结果必然是：有钱能使鬼推磨，一切向钱看，一切按钱算，以至市场经济的基础——平等也会被侵蚀和破坏殆尽。（见"新制度经济学名著译丛序言"，例如《专业化和经济组织》第5—6页，经济科学出版社，1997年。）在一些人看来，唯利是图是天经地义的"理性选择"，甚至企业的社会责任都不能提了。用蒋洁敏的话说就是："国有企业要理直气壮地为国家挣钱。"我们暂且不去追究这些人是"为国家"挣钱还是"为自己"挣钱，在这里我们只想表明：把市场的需求，即效用当作绝对化的、唯一的标准和目标，无论对企业来说，还是对社会来说，都将带来灾难性的后果。无论是在国内还是国外，从种种丑闻到金融危机，这样的事例实在是不胜枚举。和茅于轼教授不同的是，我们并不认为需要由此得出悲观的结论，而是简单地认为，只要承认这些理论的适用范围是有限的，只要不把它们绝对化，我们就可以在新的、更为复杂的现实面前寻找新的理念和评价标准。经济学面临的不是没有出路的深渊，而是新的发展的契机。

对于GDP完全可以进行类似的讨论。被萨缪尔森称为最伟大的发明的国内生产总值（GDP）曾经被作为经济健康发展的唯一标准，甚至被当作考察地方官员政绩的标准。这里的问题同样出在不适当地扩大适用范围上。现在，领导已经在强调要重视经济发展的"质"，而不只是考虑"量"，即GDP的增长。这种转变不正是我们的经济政策走向成熟的重要的标志吗？这个问题还涉及复杂系统中的层次的概念和作用。如果仔细分析一下 GDP 的计算方法（包括生产法、收入法、支出法的区别），就不难看出，它反映的实际上是在一定层次上的经济活动中的流量。当人们站在不同的层次上的时候，就会在什么应该计算在内、什么不应该计算在内的细微差别上表现出分歧，再加上货币和金融带来的种种不可比的变化，所谓 GDP 的实际价值是要大打折扣的。在这里我们不可能对此进行深入地分析，只指出一点请读者考虑。所谓自给性生产、自给性服务是不计算在 GDP 之内的。但是，我们只要稍微比较一下近百年来的中国农村变化，从住房到吃穿，有多少生产和服务从不计算在 GDP 内，转入了计算在 GDP 之中。最近的例子就是自留地。不难想到，在这样的质的根本变化的背景下，所谓量的比较有多大的意义呢？

总之，在经济理论中，把某种适用于一定场合的量的分析框架，不适当地运用到适用范围之外，就会带来一系列理论上的偏颇和失误。这也是导致经济理论脱离实际的一个重要原因，也正是绝对化、简单化的思维方式的一种重要表现。

7.4 关于数学在经济中的运用

前面曾经提到过数学的作用问题，在经济学界关于数学的运用也是一个一直存在争论的议题。一方面，坚持“以数学的应用程度作为学科成熟标志”的倾向贯穿始终，几乎所有的新的数学工具，从集合论到拓扑学都在经济学中发挥了作用。另一方面，反对数学游戏，坚持经济学本身的概念和思维的意见也从来没有退缩过。所以，在讨论定性和定量的关系的时候，有必要在结束这一章之前，简要地归纳和说明一下我们对于这个问题的认识和理解。

简单地说，仍然是那一句话“定性和定量相结合”。经济学的规律——质的规律是根本的，但是，任何质都需要通过一定的量表达出来。在这个意义上讲，数学的应用程度确实是经济学科走向成熟的标志之一。

问题仍然是，需要从经济规律本身的实际出发，使用甚至发展数学工具，而不是简单地使用现成的数学。在这个问题上，冯·诺伊曼的一段分析值得我们深思。他指出，微积分是在牛顿力学之后才完成的，在某种意义上说，牛顿这是为了创立力学才发明了微积分的。（见《数学在科学和社会中的作用》一书中的相关文章，大连理工大学出版社，2009年。）所以，数学和经济学的互动和互相促进，对于两门学科都是至关重要的。不能设想现有的数学能够给经济学提供现成的工具。

冯·诺伊曼对于经济学的发展曾经讲过这样一段发人深省的话："我们对于经济学中有关事实的认识太少了，根本无法与完成物理学的数学化时人们所掌握的物理学知识相比。事实上，17世纪的物理学，尤其是力学，之所以会出现决定性的转折，是由于此前天文学的发展。而天文学的这种发展，是以几千年系统、科学的天文观察为基础的。到了才华超群绝伦的天文观测者第谷时，这种天文观测达到了顶峰。在经济科学中，没有任何类似事件发生。在物理学中，设想没有第谷而出现开普勒和牛顿是荒唐的——我们没有理由希望经济学的发展会比物理学的发展更容易。"（见上面所引的书，第58页。）

可能有人会说，冯·诺伊曼在1944年写这段话的时候还没有计算机，没有大数据。的确，我们今天比冯·诺伊曼幸运，我们应该能够比他做得更多，因为我们有电子商务，有互联网，有大数据。然而，在科学研究的思想方法上，我们更需要的是突破简单化、绝对化的思维方式。在这方面，同样是冯·诺伊曼给我们提出了重要的建议。作为一个杰出的数学家，他对于数学的发展趋势进行了深刻的分析："当一门数学学科远离其经验本源的时候，…… 它就会受到严重危险的困扰。它将变得越来越纯粹地美学化，越来越纯粹地'为艺术而艺术'。……存在着一种严重的危险，那就是这门学科将沿着阻力最小的线路发展，使远离源头的小溪又分成许多无足轻重的支流。而这个学科则变成一大堆无组织的细节和错综复杂的事物。""每当到了这个阶段，在我看来唯一的补救措施就是为了恢复活力而返本求源，也就是或多或少地注入直接经验思想。"（同上书，第165—166页。）

显然，这段话不仅对于数学是完全正确的，而且对于经济学更是切中要害的。忽视质的多样性和无限性，把局部的人和事情绝对化地、简单化地线性外推到不适当的地步，这就是当今经济理论的弊病之所在。这不是定量的过错，也不是数学的过错，而是由于传统思维方式对于定量的曲解造成的。

7.5 小结

作为经济理论的核心，关于价值的理论也受到传统思维方式的束缚，纠缠在劳动价值还是边际效用的争论之中，无法面对复杂的经济系统和经济现象。从思想方法上来说，这还是非此即彼的、简单化的、绝对化的弊病所造成的。定性和定量相结合，不但是对于世界的复杂性的理解和认识的结论，而且是科学发展和进步的必由之路。近代科学的思维方式的弊病在于忽视复杂系统中的质的多样性、层次性，总是想用一个框架概括所有的对象和层次，从而走向了无法解脱的纠结状态。

对于价值这个问题，只要承认价值概念的复杂性和相对性，接受对于不同的对象和议题需要也可以使用不同的度量方法，问题并不难解决。现有的各种方法和视角也就能够找到自己应有的地位和作用。

与此相关，对于数学的地位和作用也需要客观地加以认识和对待。和其他任何学科一样，经济学理念的发展与定量分析工具——数学工具的运用和发展是相辅相成的、互相促进的。按照冯·诺伊曼的说法，这种共同的发展应该是立足于对社会现实的研究，即回到直接经验中去。用我们习惯的说法，那就是理论联系实际，真正把社会实践作为科学进步的源头活水。

第三部分

现状和展望

理论和实际相结合，是科学研究包括社会科学研究的基本原则。第二部分讨论的视角是从理论，特别是基础理论的角度，对经济理论的现状进行的观察。所以，免不了要引经据典、查明出处，以至咬文嚼字、刨根问底。这在有的时候是必要的，但是确实无法避免枯燥和冗长。在现在这一部分中，我们准备换一个视角，换一种风格。在这一部分中我们将面对若干现实的热门话题，依据我们前面表述的基本理念，尽可能地在一定意义上给出我们的思考或回答。

对于基本理念的研究和对于热门话题的讨论，有必要加以区分。前者考虑的是长远的规律和趋势，即回答“是什么”、“为什么”的问题。后者则是要回答眼前的“现在怎么办”的问题。特别需要说明的是，在这里完全没有高低贵贱或优劣难易的问题，而是一种特定的分工合作。它们之间的区别是质的区别，表现在研究目标、研究手段、时间尺度、成果评价等众多方面。基于这样的区分，在第三部分中我们选择了一些热门的话题，以上一部分的理论讨论为基础，进行一些简要的讨论，力图给出一定意义下的某种回答，以及从何入手的一些建议。

之所以说是一定意义下的某种回答，是因为所有这些现实议题都是十分复杂多变的，不但需要考虑多方面的因素和视角，依据大量的具体数据，而且处于不断的发展和变动之中。所以，最终的、一成不变的回答是没有的。一切都是在持续的研究和探索之中。当然，这并不等于没有是非或者无所作为。积极地、认真地探索本身就是发展的一个方面。所以，与第二部分相比，后面的讨论将会更加具有时间性。当然，这两者之间的内在联系是不需要再做解释的：理论是观察现实问题的立足点，现实问题是激发、验证和推动理论研究的动力。

第一章　和谐、公平和价值

我们首先要讨论的是关于什么是“好”的社会或者经济的问题。这是人人都关心、人人都在谈论的议题。关于什么是“好”，实在是太难界定了。经济学中谈得最多的是“公平”和“效率”之争，而近期我们谈得比较多的则是“和谐”。这确实是关系到每个人的切身利益的、永恒的议题。

不少论著都对于近年来贫富差距的扩大给予关注和探讨。最近，连美联储主席耶伦都谈到了这个问题。显然这是个全世界的难题，不仅牵涉中国和美国。这是任何经济学的理论研究或政策研究都无法回避的。在这一章里，我们先集中思考和谐、贫富差距、价值评价这几个问题。

1.1 谈和谐——理想的经济和社会

建成一个和谐的社会是人类永恒的梦想。这可以说是古今中外的老百姓最关心的、最现实的问题。当然，对于什么是和谐、怎样才能和谐的概念的理解和解读实在是众说纷纭、汗牛充栋。对于理想中的和谐社会，其名称和定义也是五花八门，从三代之治、理想国、乌托邦、太阳城，到后工业社会、信息社会等等，不一而足。且不管名称的千变万化，十分显然的事实是，希望社会和谐确实是大多数人的共识，如果我们不敢肯定这是所有人的共识的话。

然而残酷的现实却是，当今社会，大到国际政治，小到家庭邻里，处处充满着矛盾和冲突，而且愈演愈烈，至今没有停歇和缓解的迹象。近来人们在纪念第一次世界大战一百年，对于这个最基本、最现实的问题的思考再次成为人们议论的焦点。十九世纪的法国经济学家弗雷德里克·巴斯夏写了一本名为《和谐经济论》(中国社会科学出版社，1995年)的书。在书中，他把对于和谐经济的希望寄托于自由的市场经济的建立。他相信，只要摆脱了一切人为的、不合理的约束和限制，人们有权按照各自的意愿从事生产和经营活动，和谐的经济和社会就能够实现。一个半世纪过去了，世界上的情况如何呢？大家都是看得见的。

既然大多数人都希望和谐，现实却是处处不和谐，这究竟是怎么回事呢？

从系统科学和复杂性研究的基本理念来看，这正是由于人类对于复杂系统的情况和规律还没有足够的认识，总是试图用简单化的方法去应对复杂的现实世界的缘故。就拿上面提到的巴斯夏关于和谐经济的想法来说吧！他猛烈抨击贸易保护主义，积极推动打破欧洲各国之间的关税壁垒，这无疑是有进步意义的。然而，是否打破了关税壁垒就能够实现他理想中的和谐经济了呢？这一个半世纪的情况已经给出了结论。与此十分类似，空想社会主义者所设想的种种方案，包括满怀理想主义的欧文身体力行的大型试验在内，也都以失败告终。规模最大的当然就是苏联的计划经济的试验了。十月革命前后，人们曾经相当普遍地认为，只要取消了生产资料的私有制，财富的计算和分配的问题将会变得非常简单。恩格斯说过：在社会主义经济中，“社会可以简单地计算出：在一台蒸汽机中，在100公升的最近收获的小麦中，在100平方米的一定质量的棉布中，包含着多少劳动小时。”(《马克思恩格斯全集》第3卷，人民出版社，1995年，第660页。)列宁则认为：生产和分配“这些事情的计算和监督已被资本主义简化到了极点，而成为非常简单的、任何一个识字的人都能胜任的手续——进行监督和登记，算算加减乘除和发发有关字据”。(引自《国家与革命》,《列宁全集》第3卷，第202页。)著名的社会主义经济学家、波兰的奥斯卡·兰格在他的最后一篇论文《计算机与市场》中写道：“如果我今天重写我的论文，我的任务可能简单得多。我对哈耶克和罗宾斯的回答可能是：这有什么难处？让我把联立方程放进一架电子计算机，我们将在一秒钟内得到它的解。市场过程连同它的烦琐试验似乎过时了。实在可以把它看成是前电子时代的一种装置。”(《社会主义经济理论》，中国社会科学出版社，1981年，第183—184页。)

上述这些引文已经足够表明简单化的思维方式曾经是多么普遍、多么根深蒂固！我们无意对于前辈不敬，这是时代的产物。当人类的经济与社会还处在蒸汽机的时代，在人们见到的分工还只是制造缝衣针的作坊里的情况时，这样的思维方式是十分自然的、无可非议的，而且在一定程度上和一定时期内是合理的、可用的、有效的。现在的问题在于，当我们已经进入了计算机和人造卫星的时代，已经面临着全球经济一体化的时代，我们还能够固守这样的简单化的思维方式吗？特别是这一个半世纪的各种各样的实验已经为我们提供了如此丰富的经验与教训之后，我们还有什么道理忽视复杂性、坚持绝对化和简单化呢？

那么，读者会问，你们对于什么是和谐、如何实现和谐有什么正面的建议吗？现成的药方是没有的，但是思考的方向是可以指出的。

首先，只有引入复杂性研究的理念，对传统思维方式进行彻底的改造，才能够正确地认识和谐、建设和谐。正确的体制和可操作的机制无疑是必要条件，既得利益集团的抵抗也是必须重视和妥善处理的，然而，天下事都是由一个一个具体的人、一步一步具体地去做出来的，而人怎么做事，是由他的理念指挥的。如果人们继续坚持自己的某种简单化、绝对化的和谐观念，各执一端地、一厢情愿地争辩和互相攻击，互相指责“你替谁说话”，那么不仅问题得不到解决、和谐无法实现，而且必然导致冲突以至战争。“以阶级斗争为纲”是这样，彼得·伊夫在“占领华尔街”现场为资本主义进行的辩解也是这样，“老板养活工人”的理论还是这样。在这里，论者自己的道德观和善良与否并不重要。具有普遍意义的是，在绝对化的理念的指引下，结果往往总是以灾难和悲剧告终。正如人们常说的：“通向地狱的道路上，每一块砖上都写着正义两个字。”恐怖分子经常正是极端的理想主义者，这样的例子在历史上我们看见的还少吗？

可能会有读者提出异议，你们这样说是不是过分夸大理念的作用了？“一念之差”会有那么大的作用和影响吗？长期以来，关于思想的作用学术界有数不清的讨论和观点，对此我们不可能展开讨论。但是，我们不妨以自然科学为榜样，看看理念的作用。一百年前，如果有人描述“千里眼”、“顺风耳”，恐怕是要被看作神话的，只有《西游记》里才有。但是今天这不都已经成为我们的日常生活了吗？据说当X光刚发现的时候，曾被当时的权威斥为空想和巫术。至于从相对论和量子力学到原子弹和核能利用，更是一百年前的人们所无法形象的。正确的理念对于人类文明的贡献是有目共睹的。我们相信，在社会科学领域，这种作用只会更加巨大、更加深刻。

所以，谈和谐首先要根据现实的情况，实事求是地理解和认识和谐。按照系统科学，特别是复杂性研究的思维框架，对于和谐的内涵可以从以下几层意思来理解：

- 一加一大于二，整体是不同于个体的、确实存在的主体；
- 不同的主体之间，包括层次之间是有质的差别的；
- 系统的复杂性正是在于两个维度上的质的多样性：个体之间、层次之间；
- 人们必须承认和尊重这两种多样性，承认每种个体、每个层次的必然性和合理性，包括他们的诉求和行为。

复杂系统的和谐、健康和可持续发展，就在于对于这两种质的差别的科学认识和妥善处理，这就是我们所理解的和谐的理念。

具体到经济这个复杂系统，和谐经济的意思可以具体化为：

- 承认和正视分工形成的不同的利益群体，以及新出现的实体，承认它们的必然性和合理性；
- 在个体之间和层次之间，找出它们之间利益的共同点和冲突点，进行客观的分析，找出切实可行的协调方案和可以持续运行的出路；
- 充分考虑社会文化环境的背景，以及各种资源条件的约束，确定在可以预见的期间可持续发展的战略安排；

- 承认和重视不确定性和预测的困难，在特定的社会条件和历史基础上，保持应对风险和意外变革的灵活性和应变能力，从理念、体制、运行机制上做好保证可持续发展的充分准备。

这就是现代系统科学和复杂性研究对和谐的理解和认识。

至于如何实现和谐的讨论？就比这里所说的理念要更加复杂、更加宽泛。为此需要以上述理解为出发点，针对各种实际的议题，站在各种不同的利益群体的视角，进行具体的分析，给出今天已经有可能提出的方向和出路。（注意，不可能是完整的、最终的答案。）这当然要比这里的简要讨论冗长得多，复杂得多。不过，我们相信，只要破除绝对化、简单化的思维桎梏，让思想冲破牢笼，人类就能够解决面临的种种问题，推动着人类文明走向一个新的水平——信息社会。这种信心和乐观主义不是空想，而是近百年来科学的进步给我们提供的。既然人类能够在对于自然的认识方面，在这一百年里得到了全新的发展，为什么在社会科学领域就不行，就要陷入悲观主义呢？当然，也和自然科学一样，关键在于“让思想冲破牢笼”。而这种牢笼就是绝对化、简单化的思维模式！

1.2 谈贫富差距和价值判断——产生根源和对策

贫富差距的扩大，可以说是现在人们最关心的现实议题之一。不但在中国如此，在美国也不例外。前几年的畅销书《沉疴遍地》，就以大量数据勾画出了近三十年来美国等国家贫富差距不断扩大的、触目惊心的情况。

这位作者在列举了种种变化之后，忧心忡忡地指出：“关键不是一个国家有多富裕，而是这个国家有多么不平等。”（见上书，第9页。）“三十年来日益增加的不平等，也使人们，尤其是英国人和美国人相信，不平等是一种生活的自然状态，我们对此无能为力。”（见上书，第11页。）2014年年初，法国经济学家皮凯迪的书《二十一世纪的资本论》（*Capital in the Twenty-First Century*）在美国成为热门话题。看完这部近700页的大部头著作，我们对于其畅销程度大惑不解。如果说金融业挣钱多、资本收益增长得比经济增长得快，这实在是人所共知的常识，似乎不需要这么兴师动众地论证。至于运用税收制度抑制这种趋势的解决方案，更不是什么新鲜的意见。从《共产党宣言》到北欧，从理论到实践都已经相当成熟了。看来，这本书的畅销只能解释为：贫富差距的扩大已经到了没有人还能够装作视而不见的程度了，而当今的主流经济理论对于这种现象束手无策，既解释不了，也开不出药方。2014年8月的《科学的美国人》杂志，刊登了一篇关于劳务市场情况的编者的话。(*Scientific American*, 2014年8月，第7页，文章的题目是："Will Work for Machines ?")据这篇文章说，两位英国学者经过调查，指出随着计算机技术的运用，将有702种职业逐渐消亡。文章还说，自从2000年以来，美国企业的盈利成倍增加，而家庭收入中位数（median household income，根据通货膨胀进行调整后的数字）却从＄55,986降至＄51,017。更值得注意的是在同一时期中，在GDP中所占的比例，公司的税后收入从5%增长到11%；而雇员所得反而从47%下降到43%。至于中国的情况，大家都很熟悉，不必细述。而且我们在下面还要进行一些具体分析。

从这样的一些基本的数据我们已经可以明显地看出，当今世界经济这个大系统的运行中，确实出现了一些值得注意的情况，贫富差距迅速持续地扩大就是其中的一个重要方面。笼统地说"少数人先富起来"，或者说"靠税收和慈善来实现二次分配、三次分配"不仅无济于事，而且会导致社会心态的进一步分裂。也许有人会说，你们是不是要恢复平均主义和大锅饭？当然不是这样。问题在于，如果我们听任这种趋势继续发展下去，整个经济和社会能够持续吗？包括富人在内，还能维持最基本的安全感和安定生活吗？更不要说实现和谐的社会和经济发展了。

我们还是要从基本的理念来寻找这种现象发生和发展的根源，并从中找出原因和出路。首先，思考一下这种情况为什么会发生？是必然的，还是可以避免的？其次，这种情况是怎样产生的？是哪些因素在起作用？在此基础上进一步寻找对策和出路。

事情还是要从分工合作谈起。人类通过分工合作组成了经济这个复杂系统，创造出比个体分散的情况下多得多的财富。这件事情在我们看来，正是系统的产物，正是“一加一大于二”的具体体现。亚当·斯密讲：“分工创造财富”，这只说对了一半，应该说是“分工合作创造财富”。没有合作，也就谈不上分工。对于这个问题，我们前面已经进行过讨论，这里不再重复。现在我们要进一步研究分工的其他后果。除了创造了财富之外，分工带来了交易费用和其他的代价，科斯、张五常对此进行了补充。我们要再补充非常重要的一点：分工改变了人自身，特别是缩小了参与分工者的劳动、社会活动、人际交往和获取信息的范围。这从正面来说可以称为“专业化”，从反面来说，也可以称为“退化”。分工就是从事不同的工作，就是放弃对于某些事情的继续认识和了解。一旦分工固定下来，这种趋势就会越来越加强，直到形成习惯和惯例。前人对于分工的这种后果似乎是有所察觉的，对于固定的分工的质疑就是从这里引申出来的。例如人们曾经设想不要有固定的分工，比如上午当经理，下午当工人，今天做淘粪工人，明天做国家主席。这种想法显然是起源于消灭阶级的目的，所谓阶级划分其实就是固定的分工。推而广之，就是消灭三大差别等等。在这里我们不可能进行更多的讨论，至少现实生活给我们的启示是：这是一种空想。不但随时调换工作时几乎是不可能的，现实的差别还会通过“官二代”、“星二代”、“富二代”一代一代传下去。所以，我们至少可以认定，分工是产生差别的根本原因，而这是不可避免的。

这种情况的下一个必然结果就是信息的不对称。首先，任何人都不可能完全地了解整个生产流程的每个细节，也不可能完全了解从班组到全厂各个层次上的管理程序。这里的差别随着分工的不断细化，正在变得越来越大。这种情况，在工业化时代大工厂的生产线上已经可以明显地看到。在进入信息时代的时候，这种情况不但没有停止下来，而且随着市场的迅速扩大，变得更加突出和明显。这是复杂系统中的必然现象。用某些系统科学家的语言来说，个体对于整体的无知是必然的、不可避免的。其实亚当·斯密的“看不见的手”，巴斯夏的“人们看到什么和没有看到什么”，说的都是信息的不对称。确实，作为个体没有可能，也没有必要掌握所有的信息。需要注意的还有一点：由于事物发展的不平衡，例如，各个生产环节的技术难度的区别，各种生产资源的不同的稀缺程度等。这些都必然会造成分工中各种岗位、各个职位之间的区别和主次，而且这种差别就会在系统的运行中得到不断地加强。

说到这里，符合逻辑的下一个出现的必然现象就是收入的不公平——贫富差距。在经济学中，为种种分配方案提供理论根据的就是各种价值理论。对于价值理论，本书第二部分中已经进行过回顾和讨论，这里不再重复。从回答实际问题的角度，我们在这里要强调指出的是：由于上面所说的分工和信息不对称，差别的出现就是不可避免的。说得再直接一点，在私有制存在的前提下，在追求个体利益最大化的理念的指挥下，财富分配问题上的优势和劣势、强势和弱势的出现是不可避免的。在这种意义下，可以说，只要有分工，就会有不断扩大的差别，就会存在信息不对称，就会出现强势和弱势的地位差别，就会给分配的差别和扩大提供机会。在这种意义下，可以说，在如此复杂的经济系统中，分配差别的产生和扩大确实有其必然性。对于更一般的复杂系统来讲，这就是马太效应。

说到这里，似乎结论是悲观的。事情并非如此！关键还是那句老话：我们需要改变思维方式，或者用一句口号讲：“让思想冲破牢笼！”我们在上面推演的、基于传统经济理论的逻辑背后隐含了传统思维的两个前提，这就是私有制和“一切按钱算”。我们就从这两点谈起。

私有制，或者说得更广一点，所有制是从来就有的东西吗？显然不是，否则恩格斯为什么要写《家庭、私有制和国家的起源》呢？仔细想想，为什么要规定某某东西是我的、某某东西是你的？北京的空气和环境算是谁的？有必要明确产权吗？是你的还是我的有什么区别呢？我呼吸了你屋子里的空气，是不是要向你付费？这些问题在古时候大概是不成为问题的。原始森林里的树木和草地对任何人都是开放的。近来谈的越来越多的公共服务、惠民工程，也把古老的所有权问题重新提了出来。西湖边上的风景区是不是应该对老百姓免费开放，还是可以被私人会馆所瓜分？至少有一个趋势是确定无疑的，随着信息时代的到来，人们对于公共的基础设施的依赖越来越多，从水、电、交通、通信到互联网，实际上大家需要的是使用权，而不是所有权。在马克思设想的“自由人的联合体”里，没有人还会问所有权这样的傻问题！所谓分配问题根本就不存在了。当人们谈论按什么分配（“劳”、“需”还是“资”）的时候，实际上已经局限在所有制这个特定的、历史性的范畴的约束之内了。正像亚当·斯密提出“交换导致分工”的时候，已经隐含了私有制的前提一样，因为交换就是所有权的转移。关于所有制的讨论涉及太广，实在无法在这里展开。我们只是想指出，是否可以超越所有制的问题，淡化所有权，强化使用权，从一个新的角度看待经济系统中的差别、冲突和矛盾呢？

另一个基本的问题是：价值的概念和度量。用一句通俗的话讲：“是不是一切都可以按钱算？”当我们说贫富差距的时候，背后的理念就是“一切按钱算”。某某富豪身价百亿，是按钱算的；最低工资是按钱算的；各城市的低保线是按钱算的。包括我们前面所说的美国和英国的种种经济数据，都是按钱算的。当然最常听到的就是 GDP 了。人们现在已经在讨论幸福指数、生活质量指标、绿色 GDP 等等。这说明大家已经感到我们的评价标准有问题了。但是，实质性的问题并没有解决。

经济系统究竟怎样才算健康？什么才是“好”的经济形势？这个议题包括两个方面，概念和度量，也就是价值观和价值计算，这两者不是一回事。前者——价值观，是对于什么是好、什么是坏的质的判断，我们在这里不展开讨论。

至于价值计算则是一个值得仔细推敲的问题。当我们用货币、进而 GDP 当作计算的基础的时候，已经在无意中把复杂的、经济系统中的质的差别简单化、绝对化了。在复杂系统中，个体、视角、层次等多方面的多样性和异质性，任何定量的测度都只能在一定的范围内、一定的意义上起作用，而不可能有一个统一的、唯一的测度和标准。就说 GDP 吧。熟悉 GDP 的形成历史和计算方法的朋友都很清楚，

GDP 本身的计算就有生产法、收入法、支出法的区别。它与不变价格的关系是什么？它反映什么？不反映什么？所有这些都是很清楚的。比如，它是不包括未社会化的、未市场化的生产和服务的。如果对于市场化程度不同的经济系统进行 GDP 的比较，是需要非常谨慎的。因为它反映的是一个层次上的经济活动总量，对于没有进入这个层次的流通的生产和消费活动是不考虑的。做一个不大确切的比拟。当我们在宏观物理的层次上谈能量守恒的时候，我们考虑的是动能和势能的相互关系、守恒和转化。我们并没有考虑隐藏在更深层次里的核能。所以，所谓的守恒、转化和比较都是相对于一定的层次而言的。在经济系统中也是如此。

回过头来，当我们谈论价值、谈论经济发展和贫富差距的时候，常常把不同层次的问题混淆在一起，这就出现了经济增长和贫富差距扩大这两者之间的悖论关系。其实这是两个层次、两种类型、两个视角的不同问题，这两件事情的关系是很复杂的。既不能归结为简单的因果关系，也不能认定它们之间就没有联系。具体地说，我们并没有足够的理由认定：市场经济的发展，GDP 的增长必然地、不可避免地导致贫富差距的加大，也没有足够的理由认定缩小贫富差距就必须否定市场经济、提倡平均主义。之所以人们会产生这样的印象，在理论上就是由于对价值计量的绝对化的、简单化的理解和认识。

性急的读者可能会等不及了，到底贫富分化是不是市场经济的必然？我们说得有点远了。现在做一个简短的小结。和任何复杂系统一样，经济系统中的马太效应的出现确有其必然性。然而，这并不是说没有对策。出路在于对于其产生机制和规律的认识。简单地说，分工导致差别，差别导致信息不对称，信息不对称直接影响分配，而对于所有制和价值度量的简单化、绝对化的认识，就把信息不对称“翻译”成了分配的差距。在现代信息技术的迅速普及极大地加速了经济系统的运作速度的情况下，这种矛盾和冲突空前地突出和尖锐化了。这就是今天我们面临的严峻形势。人类社会走到了今天这样的情况，**必须重新认识分工、重新认识信息的作用、重新认识所有制和价值度量**。在这种重新认识的基础上，人们才能理性地处理贫富差距的问题，建立信息社会的、和谐的、全新的经济秩序和社会秩序。显然，这就是经济理论的重新构建。如果我们不迈出这一步，继续沿着“非此即彼”的二分法，陷在“谁养活谁”的无谓争论中，那么，结果只能是全社会的灾难和崩溃。

上面提到的几个议题，在前面已经不同程度地提到过，在后面也还会涉及，这里只是给出一个总的轮廓和概述。

1.3 可以“一切按钱算”吗？——关于“一般等价物”的思考

在上一节的最后，我们已经谈到了价值观和价值度量的问题，并且认为这个议题是经济理论重构的重要方面之一。其实，即使不谈和谐经济和贫富差距问题，这个问题本身也是完全可以列为最紧迫的现实问题之一的。原因很简单，我们正面临着“一切按钱算”的严重挑战。对于“一切按钱算”人们可能还不是十分熟悉，大家最熟悉的是“一切向钱看”的口号。其实，“一切向钱看”的理论基础是“一切按钱算”。用更带学术味道的语言来说，就是“货币是一般等价物”。毫无疑问，这个问题既是不可回避的基础理论议题，又是十分紧迫的现实议题，我们把它列为下一个讨论题目。

“一般等价物”来源于“交换导致分工”。既然要交换，就要公平，就要等价，就要估价。价值的问题就是这样提出来的，到了把分配原则放到首位的时候，这个问题俨然已经成为经济学的核心。于是，从劳动价值论到边际效用价值论，经济学界已经争论了二百多年。然而不管价值如何定义，似乎货币这个“一般等价物”的地位是不可动摇的。美国学者桑德尔的一本书《金钱不能买什么》对此提出了质疑。我们也从中得到了启发，进一步对于“一切按钱算”进行思考。

首先，我们还是要从分工和分工合作的区别讲起。一般来说，如果只是考虑市场上互通有无，那么分工和交换的关系是很密切的，也比较容易理解。但是合作和交换的关系就不那么理所当然了。就拿亚当·斯密的经典例子来说吧！若干人合作制造钉子，由于分工提高了效率，增加了财富，他们之间有什么交换关系吗？恐怕很难说，因而也不需要货币之类的一般等价物。也许只要商量一个分成比例就够了。如果我们再考虑到企业的出现，正如科斯所指出的，若干人组成一个企业去跟市场打交道，能够节约交易成本，这就出现了企业家和管理者。他们在企业内部的分配，特别是与从事体力劳动的工作人员的分配，也是一种分工合作关系。这样的关系更多地是一种契约，而不是交换。这样的“一般等价物”，按照某些经济理论是劳动力的价值，于是剩余价值的问题、剥削的问题就这样提出来了。如果把这些关系也归入“交换”或“愿买愿卖的平等交易”，确实如马克思批评的那样，是有点滑稽的。（交易时似乎是平等的，但是离开时一方是踌躇满志，另一方却是像卖掉了自己的皮，等着被宰割似的。）所以，即使就最基本的劳动分工和企业关系来说，货币这个所谓“一般等价物”的概念也是不明确的，有歧义的，并不具有科学概念所要求的“可传递性”。市场上的交换中的货币，企业中进行分配时的货币，在意义和作用上是很不一样的。显然，在我们分析问题和推演概念的时候是要非常小心的。

如果我们把视野扩大到公共服务的领域，货币的含义和作用就更说不清楚了。亚当·斯密在大力强调“看不见的手”的时候，留了一个尾巴，把所谓“守夜人”的任务交给了政府。用我们现在的习惯用语来说，就是公共服务的任务。（在《国富论》中，他把这方面的任务明确地限制在一个很有限的范围之内。）因为要做这些事情，所以要收税。那么，按货币计算的税收和交换是什么关系呢？谁和谁交换？按照什么标准交换？实在是很难说清楚的。称为“守夜人”的原意就是要对此加以严格的限制和约束，不要影响了“看不见的手”这个主旨。现在的一些经济学家似乎没有理解亚当·斯密的良苦用心和精心安排，连这个尾巴都不要了，绝对化地声称“政府管得越少越好”，把“一切按钱算”不适当地夸大到了荒谬的地步，从而为一些错误的倾向和做法提供了论据。特别需要指出的是，随着经济这个复杂系统的发展和演化，今天的经济生活中，“守夜人”的任务不是越来越少，而是越来越多了。在二百多年前，小镇上的“守夜人”的任务大概只是巡夜和点亮煤气街灯；今天一座城市的“守夜人”——市政府要管的事情就多得多了，从治安、交通、水电、煤气，甚至到网络安全、天气预报都需要纳入考虑范围。所有这些无疑都需要人来做的。在公民和政府之间，能够用“等价交换”来处理和度量吗？我遵守了交通规则，需要政府给我付款吗？我交的税和我享有的公民权利之间可以进行计算和度量吗？如此等等。

对于能不能“一切按钱算”这个问题来说，最尖锐的问题出在金融。钱这个东西，在实体经济和虚拟经济中的地位和作用，是有根本性的区别的。从复杂系统的视角来看，货币和金融都是在经济系统越来越复杂的发展进程中涌现出来的。货币银行学告诉我们，货币具有价值尺度、流通手段、贮存手段、支付手段等多种功能。确实如此，在不同的场合、不同的议题中，货币的作用是不同的。按照某些通俗的说法，所谓金融就是“用钱挣钱”。用学术语言说，这里的货币已经不只是交换的工具，而是资本了。在这里，价值交换已经脱离了具体的商品，它的供给和需求是由整个经济系统的总体形势，在更高的层次上的情况决定的，与具体的商品交换已经脱离了关系。（类似的还有股票、期货等领域。）作为一个新的层次，金融有其自身的、独立于实体经济的运行规律和供需关系。前一段时间一些论者对虚拟经济的否定，正是由于他们没有认识到金融作为另一个层次，与实体经济存在着差别，不能用实体经济的眼光和方法看待金融。中国人民大学陈雨露教授等在《大金融论纲》（中国人民大学出版社，2013年）一书中，点明了主流经济学在这个问题上的失误。该书指出，按照经典的一般均衡模型的理论范式，市场自己就会实现均衡，金融甚至货币都不是必需的。（例如参见上书第3—5页。）理论和实际情况都表明，在经济这个复杂系统里，不同层次有不同的议题和不同的规律，所以，简单化地、绝对化地用钱的数量对于所有经济活动或社会活动进行评价和比较，是十分危险的一件事情。

回到前面提出的问题：可以“一切按钱算”吗？回答应该是否定的。我们并不是否定货币的作用和必要性，只是从对经济系统复杂性的理解出发，强调不同议题、不同层次、不同场合的经济活动（包括社会活动）千差万别，强调不要简单化地“一切按钱算”。有人会说，既然是市场经济，就应该“一切按钱算”！从上面简单列举的事实可以看到，无论是在最基本的企业管理领域，还是公共服务领域，以及在更高层次的宏观经济和金融领域，笼统地“一切按钱算”在理论上讲是不对的，是一种简单化、绝对化的思维方式。在实践中，这更是十分危险和有害的，因为这是“一切向钱看”的理论基础。下一节我们就来回顾一下“一切向钱看”是怎么来的，以及已经造成的危害和混乱。

1.4 “一切向钱看”的由来和影响

如果说“一切按钱算”是理论上绝对化、简单化的产物，是一种错误的理念的话，那么，“一切向钱看”就是这种错误理念在现实中结出的苦果，并且进一步引申出今天困扰着整个中国社会和经济的其他一系列苦果。

“一切向钱看”这个口号的提出是在八十年代。在那个年代，冲破计划经济的思想束缚是主要任务。而对于市场作用的忽视和排斥，正是这种束缚的一个重要方面。所以，对于货币作用的强调，对于注意经济效益的宣传无疑是完全正确的。对于“文化大革命”中否认货币作用和地位的错误理论，进行批判和清算，对于社会主义市场经济的建立无疑是完全正确的、绝对必要的。

然而，正如人们经常说的：“超越真理一步，就会走向谬误。”承认货币和市场经济，并不等于“一切向钱看”。即使在亚当·斯密和巴斯夏那里，市场行为也必须在道德的制约之下，也必须在“合法”和“合理”的范围之内。当然，这里的“法”和“理”的解释，就会引出种种不同的理论和流派。如此绝对化的表述，并不是出自理论研究的慎重思考，而是在社会大潮中，不可避免地出现的偏激言论和极端态度。从思维方式来说，这种极端的态度和“文革”中的极端态度，在认识方法上都是一样的，在实践中都是非常有害的。按照当时的风云人物的说法就是：“只有向钱看，才能向前看。”这从理论上讲其实是说不通的。然而，在所谓“矫枉必须过正”、所谓“语不惊人死不休”的思维方式影响下，这个口号不胫而走，这个口号的影响迅速超出了经济领域，在整个社会上广为传播。今天，我们可以在几乎所有领域看到和感受到其影响和作用。我们不妨浏览一下其影响的主要方面，从而进一步思考是否确有进行清理和澄清的必要。

首先受到“一切向钱看”影响的自然是经济管理领域。“企业的一切行为都是为了利益最大化。”按照一些论者的说法，企业追求利益最大化就是理性行为，是天经地义的，不能有任何约束和限制。如上所说，企业要讲经济效益，应该计算成本和收入，亏损的企业不是好企业，这是正确的、没有问题的。但是，事情就怕绝对化。这一点是不是“不能有任何约束和限制”？对此我们可以从两个方面来回答。首先，作为在社会和市场的大环境中运作和活动的实体，要不要受这个大环境的约束和限制？这种约束和限制主要表现在法律和道德两个方面。（关于环境和资源的约束近年来越来越突出，但是这也往往是通过法律和道德体现的，这里不再展开讨论。）如前所述，近代经济学的创始者们对此也是有明确表述的。即使是哈耶克也没有完全否定企业的社会责任，只是对其加以种种限制，避免其无限制地扩大。中国文化中的“君子爱财，取之有道”也是这个意思。不加限制地、没有任何约束的“一切向钱看”在理论上讲是站不住脚的。另一方面，“利益最大化”，是指谁的利益最大化？有人会说，当然是“企业的利益”。这是不对的。本书前面已经对局部利益和整体利益、“小我”和“大我”的辩证关系进行过讨论，这里不再重复。我们只需要指出，利益最大化需要具体分析企业、国家、社会、员工、管理人员的利益等许多方面。笼统地说“利益最大化”就必然导致管理人员追求私利。蒋洁敏在国资委主任的位置上的时候，曾公开号召“国有企业要理直气壮地为国家挣钱”。这实在是一个用“一切向钱看”的口号混淆视听的活标本。近来，党中央已经明确指出了国企高管的薪酬过高的问题，这的确是抓住了要害。我们可以想一想，如果我们在地方政府的官员培训中、在国有企业高管的培训中，不加区分地、不加限制地宣传和传播“一切向钱看”，对于我们的国家和社会将会造成怎样的后果？正如凯恩斯在1936年就指出的，错误思想的传播造成的祸害要比既得利益集团的抵抗更加危险。我们这里无意为贪官和奸商辩护，只是希望铲除这些老虎和苍蝇得以滋生的“理论根据”和制度环境。治本不仅需要包括建立健全的制度和监督机制，还应该包括理念和思想上的正本清源。

在经济管理领域，受到“一切向钱看”的冲击的重要方面之一是营销。在计划经济时代，人们没有营销的概念。“酒香不怕巷子深”的传统观念，使得人们不重视品牌、不重视宣传，甚至不知道广告的作用。这种情况经过三十多年来的变革已经彻底改变了。这是一个重大的进步。然而，和上面提到的情况一样，现在的主要倾向已经是：不是在提高产品和服务的内在质量上下功夫，而是在宣传和包装上付出了过多的人力和物力。用一句通俗的话说，就是：“不做实事，只重忽悠。”以至在一些领域中，营销的费用大大超过了产品开发、提高质量所投入的资源。其结果当然还是羊毛出在羊身上，最终是消费者的利益受到损害。举几个突出的例子。央视广告收入屡创新高，这是好事还是坏事？如果说前些年人们对此还有不同看法的话，那么今天在反腐败中揭露出来的央视的一系列问题，就已经无可辩驳地证明了这种状况的腐蚀作用有多么严重！再举一件人们已经见怪不怪的事情，卖汽车一定要高价请车模。我们在国外也见过不少卖汽车的场合，似乎都没有北京这么火热。汽车的质量和车模有关吗？至于不可胜数的推销电话更是令人不胜其烦。问题在于一些企业对于营销人员的培训宗旨就是要“死缠烂打”，就是要“让人讨厌也留下印象”。而且据说还有统计的根据：哪怕是千分之一的概率也是有利可图的，所以完全不必考虑形象的令人厌恶和对于消费者的打扰和不尊重，至于“合理”的道德底线已经没有了。难道这就是市场经济下正常的营销吗？如果到了这样的理解程度，离坑蒙拐骗、弄虚作假恐怕已经没有多远了。无论是地沟油，还是三聚氰胺，不正是在这条道路上一步一步地滑下去的吗？

前两年曾经有一位在某著名金融企业工作过的人士，在离开这家企业以后，在网络上暴露了一些令人吃惊的内幕。一些推销人员不但把垃圾产品乔装打扮推销给用户，而且在内部轻蔑地把用户称为“木偶”。在金融界和房地产界更是广泛流传着“击鼓传花”的说法。在美国爆发的次贷危机正是这样产生的。在我国，所谓资金链断裂、老板逃跑的事情也是时有所闻。本来，金融保险业是为了经济系统的整体发展融通资金、应对风险而建立起来的。但是，在“一切向钱看”、唯利是图的思想引导下，却逐渐成为一些人制造风险、兴风作浪的工具。从国外的情况来看，尽管人们努力在设计制约与应对的机制，但是其效果还远远没有达到预期的目标。从冰岛到希腊，一次又一次的危机告诉人们，我们距离能够有效地控制这个庞大多变的系统还有很远的距离。当然，这个问题是非常复杂的，有许多影响因素的。但是，至少可以说，把“企业利益最大化”的原则绝对化地用到金融领域，是造成这些危机的根源之一。如果说这种理念在企业管理和营销领域的危害还是局部的问题的话，那么它在金融领域导致的后果就是全局性的、更为严重和可怕的。众多金融危机的教训已经充分表明了这点。

上面谈的都还是经济领域的情况。如果说在经济领域，“利益最大化”还可以说有一定的道理的话，那么，当人们不适当地把这种理念搬到社会的其他领域的时候，这一点点合理性也将化为乌有了。在教育领域，这就成了卖文凭，按研究经费评职称；在科研领域，就成了成果剽窃、项目买卖；在医院就成了医生卖药，医疗设备创收；在政府机关就成了买官卖官和“寻租”。如此等等，不必详述。就拿文化领域作为例子来看吧！票房第一，码洋挂帅，收视率至上，对于我们的电影、出版、电视剧的影响是所有人都看得见的。足协和红十字会出现的戏剧性的事件，提供了实实在在的案例，使我们看到形形色色的“黑色利益链”的无处不在的影子。关于这些问题，由于涉及精神需求和物质需求的区别等其他因素，我们将在后面专门讨论，这里不再详细分析。在这里只是为了强调指出，“一切向钱看”的错误思潮已经无孔不入地侵蚀到我们社会生活的所有方面，我们必须旗帜鲜明地表明我们的观点：不能一切向钱看！

这样的主张肯定会受到众多的责难和反对。例如：“你们这是否定市场经济”，“市场经济就应该一切向钱看”，“这些现象是建设市场经济必须付出的代价”，“这是从计划经济向市场经济过渡中的不可避免的现象”等等。我们前面已经作了足够的说明，这里不再重复。只是简单地归纳两句话：“一切”是一个过于绝对化的用语，和任何概念都有自己的适用范围和特定领域一样，货币和市场经济也是有其领域和范围的。“一切向钱看”作为一个一般性的口号和基本理念，在理论上是错误的，在实践中是极其有害的。我们必须理直气壮地、旗帜鲜明地反对“一切向钱看”。

第二章 信息和精神需求

在这一章里，我们要针对传统经济理论忽略了的两个重要问题提出思考。我们认为，许多现实问题中的纠结和困惑都和这两个问题有关。这就是信息和精神需求。

关于信息，信息经济学已经有许多研究。从逆向选择、道德风险开始，许多学者已经从信息不对称的角度进行了探索，明确地指出了所谓“完全信息假设”是不符合实际的，根据这样的假定得出的许多“规律”，包括各种均衡，在实际中是不存在的。著名的阿克洛夫模型——旧车市场，就是一个典型的例子。然而，如果说这就是信息在经济系统中的作用的话，那是远远不够的。所以，我们认为，非常有必要认真地研究信息的作用，包括正面的和反面的。同时，信息作为基本要素和重要资源，其作用机制和概念、度量等问题都还远远没有梳理清楚。这就是我们在这里需要专门讨论的原因。

另一个需要讨论的是精神需求的生产和满足的问题。迄今为止的经济学理论，尽管大谈需求和供给，却回避了对于物质需求和精神需求的本质差别和不同规律的研究。所以有必要在这里提出质疑和我们的思考，尽管我们深知这个问题的复杂性，绝不可能在短短的叙述中给出完整的答案。总需要有人提出问题吧！

2.1 必须重视信息的作用——正面和反面

当我们谈论当今时代的现实议题和特点的时候，信息两个字无疑是必选的关键词之一。近几十年来，以计算机和现代通信技术为核心的现代信息技术，极大地推动了生产力的发展，彻底改变着人类社会、经济和思想的格局，使人类的眼界得到了空前的扩展；与此同时，伴随着这场根本性的大变革，人类也面临一系列前所未遇的难题和挑战。从环境保护到网络安全，从毒品泛滥到青少年教育，人们需要全新的理念和策略加以应对。正因为这样，我们把这种全新的社会称为信息社会，把这场深刻的社会变革称为信息化。

正因为如此，我们在讨论现实的种种议题的时候，必须对于信息和信息技术的作用给予充分的重视，这既包括正面的、积极的作用和影响，也包括负面的、消极的挑战和难题。在现实的社会生活和政策研究中，我们经常看到两种相反的倾向。不少人能够看到和抓住信息技术带来的效益和作用，积极地利用和发挥这些效益，这是完全正确的。但是，也有人忽略了与此同时带来的风险和隐患，没有仔细地、认真地研究相应的应对措施和防范机制，在问题爆发出来的时候缺乏准备。另一些人的确看到了这些风险和隐患，然而却采取了“因噎废食”的态度，甚至拒绝使用现代信息技术，采取了倒退和向后看的消极态度，对于信息化的历史发展方向持怀疑和反对的态度。而这两种倾向又往往和人们自身的知识背景和职业地位紧密相关，技术出身、从事推广现代信息技术的人往往容易产生前一种倾向。而从事传统行业和社会管理的人们则比较容易陷入后一种倾向。

所以，我们的建议是：对待现代信息技术的应用，或者更广一点，对于信息化的进程，需要采取冷静的、全面的、客观的态度。说得具体一点，就是面对现代信息技术导致的社会和经济变革，需要认真思考以下三个方面的问题。

第一，积极地学习和研究新的技术手段，从应用的角度去研究和思考：这种技术进步给我们带来了什么样的新的机遇。具体地分析一下，它们使得哪些事情变得更容易做了，哪些事情做得比以前快了，特别是，有哪些以前想做的事情现在可以做了。例如，大数据、物联网、云计算、移动通信等，都可以按照这样的思路去具体分析。

第二，在现有的社会和经济的框架内，上面所说的这些变化是否可以实施？

这些事情在目前的经济格局和管理体制中是否可行？抽象地讲，现有的生产关系是否能够容纳这些新的生产力？为了这些新的生产力得到实现，生产关系需要进行什么样的变革？哪些原有的规矩需要进行修改？哪些新的规矩需要尽快设立？电子签名法，电子商务的各种规则，就是典型的例子。

第三，实现这些变革，面临哪些约束和限制？会带来什么风险和隐患？会使哪些原来不成问题的问题成为问题？会使哪些以前就存在的矛盾变得尖锐和突出？这样的例子很多，知识产权和信息安全就是最突出的例子。进一步需要考虑的就是，我们要为这些变化进行什么样的准备？包括制度和体制的变革，监管和控制的机制设计，对于可能出现的冲突和矛盾的处置方案等等。

我们就以目前最突出的网络安全和大数据问题为例，对此略加展开。

网络安全或信息安全的问题，近来越来越得到关注。的确，互联网和云计算在带来高效率和极大方便的同时，也使得大系统（或者说复杂系统）固有的脆弱性充分地暴露出来，黑客只是其表现之一。（系统科学中关于复杂系统的脆弱性，或者按照有的翻译方法称为易毁性，已经有大量研究，这里不再详述。）现实情况表明，整个社会，包括管理层，对此是准备不足的。如果说，在工业时代，人们利用化石能源时，没有能够预计到环境污染的代价，那么，在信息时代，这一次大自然的报复正是信息安全的难题。当人们沉醉于数据量和网速的飞速增长的时候，正是信息安全的问题向人们敲响了警钟。按上面建议的思路，这就是只考虑了第一个问题，而没有考虑后两个问题。这个议题涉及从技术到国际政治等众多复杂的因素和方面，不可能在这里展开全面的讨论。我们只就本书讨论的经济理论问题进行分析和说明。

首先，我们来考察一下信息技术广泛运用对于经济生活产生的结果。除了人人都能直接看到的经济效率的提高、交易速度的加快、商业周期的缩短、营销成本的降低之外，还有更多的、间接的结果。马太效应的加强和加快就是其中之一。正因为现代信息技术的威力，在今天的经济生活中，我们可以做到以前做不到的许多事情，例如：海量数据的收集和利用、个性化服务的有效实现、对于小微企业的金融服务、价格低廉的网络营销等等。由于信息技术的发展，这些事情从不可能变为可能，从成本太高变为成本可行，从难度极大降到比较容易。这就是我们从技术角度看到的机遇和希望。所谓电子商务，正是这个意思。应该说，并不是所有人都认识到或了抓住了这种机遇。在这个意义上，一部分勇敢的先驱者慧眼识珠，敢为天下先，迈出了前人没有走过的新的步伐，这是值得称赞的。再加上中国巨大的市场，被压抑多年的迫切需求，提供了聚沙成塔的效果，于是他们迅速地富起来了，这也是完全合理的，无可非议的。在阿里巴巴上市的日子里，我们是应该为之喝彩的。

然而，事情总有另一面。以前做不成的好事，今天可以做成了。但是，是不是也有以前做不成的坏事，今天变得可以做成了呢？例如，近来曝光的郭美美炫富和抹黑红十字会的事件，以及与此相关的、已经在法庭上曝光的立二拆四的种种肮脏业务，如果没有现代信息技术也是无法做到的。记得在《教父》里有这样一个情节，黑帮犯案之后面临社会舆论的巨大压力，在他们内部密谋的会议上，负责影响舆论的头目报告说，经过他们的努力，情况正在好转。我们不妨把这和立二拆四的“业务”比较一下其异同。它们的共同点在于都是欺骗老百姓、误导舆论，而不同点则在于技术手段和难度。从手段和渠道上说，几十年前纽约的黑手党需要控制的无非是一些当地的报纸和电台，而如今立二拆四们可以利用的则是迅速得多、影响范围大得多的互联网。在难度和“成本”上，立二拆四们所做的事情容易多了，“成本”也要便宜得多。根据报载的公诉人的起诉书，他们制造一件假新闻收费17万元到19万元，而为企业删除负面消息“仅仅”收费3万元到6万元。（据2014年8月14日新华社的报道。）这比在工业时代的黑帮所需要付出的代价低多了，做起来也容易多了。对于窃听、黑客、侵犯隐私，以至侵犯国家安全的种种事件，我们不妨也进行一下类似的比较。总之，任何技术对于人类社会来说都是双刃剑，用火是这样，炸药是这样，核能也是这样，难道现代信息技术会是例外吗？

我们列举这些情况，是希望说明我们的观点：必须把正反两个方面的影响都给予充分的考虑，千万不能只看到一个方面。当我们为中国电子商务的发展欢呼的同时，也必须清醒地看到相应的风险和隐患。确切地说，许多问题已经不是隐患，而是已经和正在发生的现实了。这就是我们要强调的结论：调整生产关系、调整理念的必要性和紧迫性。在信息化的进程中，如果我们不及时地调整生产关系，旧的制度、格局、管理方法和思想观念就会阻碍生产力的发展、阻碍新技术的效能的发挥；与此同时，原有的生产关系和思想观念又往往不能有效地防止和制约人们用新技术去做坏事。

从经济学的理念上讲，通过上面的讨论，我们至少可以得到两点启发。首先，在信息这个要素的地位和作用的问题上，经济学一定要坚持复杂性的思维，坚持两点论，不能片面地只强调一个方面，不管是正面的、积极的作用还是反面的、消极的作用。在任何一个方面上的绝对化、简单化，都是不对的、有害的。其次，在这里我们再一次看到了"一切按钱算"的恶劣影响。我们不禁要问，在立二拆四们的"企业"的营业执照上规定的经营范围是什么？他们签订的那些"合同"是合法的吗？我们的市场经济体系中，怎么就能允许这样的"企业"和"合同"存在和经营？它们的"产值"算不算在 GDP 里面？是不是交了税就是合法收入了？这一系列问题难道不值得我们思考吗？在这里，传统的、工业时代的思维方式和管理体制与信息时代现实的脱节和冲突，已经充分地暴露出来了。

由此马上就会引申出来一系列其他的现实问题。例如，贫富差距扩大的问题，既有其客观的原因，又需要研究制约的方法；我们既不能对用信息技术创造财富的人们来"杀富济贫"，也不能对于用信息技术做坏事，因而"为富不仁"的人和事情听之任之，在这里需要的是新的理念和新的体制。再如，对于马太效应，我们也需要在承认其客观存在的必然性的同时，理性地对待和约束这种趋势，比如对于优势的继承加以限制，对于官二代、富二代、星二代等进行限制等等。

我们不可能在有限的篇幅里，对于所有这些问题及其具体解决办法进行深入的讨论。我们只是从经济理论的角度提出来，请大家思考。制度和理念是相辅相成的。究竟是哪些思维方式上的偏差导致了制度和管理办法的滞后？归纳起来，忽视信息和信息技术的作用和影响，再加上绝对化、简单化的思维定式，总以为传统经济体制已经能够应对今天的、更加复杂的经济系统的实际，就造成了今天的一系列现实的难题。要解决这些问题，既需要改革体制和管理方法，也要对其背后、作为其理论基础的、过时的理论观念进行纠正，包括“一切按钱算”和“一切向钱看”的观念。

2.2 关于精神需求的思考——人究竟要什么

这一节继续讨论有关价值的各种问题，不过换一个角度：从人的需求的角度来看。我们已经说明：对于不同层次、不同领域、不同视角来说，所谓“等价交换”、“公平合理”的含义和度量方法都是不一样的，不应该也不可能有一种绝对的“一般等价物”。这既涉及价值观，又涉及价值的比较和度量。前面，我们从经济活动、公共服务、社会背景、金融等众多方面分析了这件事情的复杂性。从这一节开始，我们将从需求和供给的复杂性的角度进行讨论，并进一步从文化艺术、道德法律、医疗卫生、老龄社会、教育等诸多方面进一步分析这个问题。

需求与供给，是经济学的核心课题。然而正是在这个问题上，经济学的教科书给我们的答案距离社会现实最远。随着经济的发展，最基本的食品消费在居民支出中所占的比重已经越来越小。然而，我们在讲供给和需求的时候，还是在举吃馒头的例子，并由此推出“边际效用递减”等诸多规律，并且把这些规律推而广之，运用到所有的产品和服务，以至整个经济系统上面去。我们不禁要问，为什么可以进行这样的推广呢？在精神产品和服务所占的比例越来越大的时候，我们有什么理由能够武断地认定，从简单的物质产品的例子中归纳出来的规律，就能够适用于其他的产品和服务，特别是满足人们的精神需求的产品和服务呢？为此，我们先从人们对于精神生活的需求谈起。

说到人的需求，马斯洛的理论是最著名的。他把人的需求分成五个层次：生理需求、安全需求、爱和归属感、尊重和自我实现。 如果再算上更进一步的自我超越需求就是六个层次。它们的具体内容，在这里不需要再重复。但是，如果我们从物质需求和精神需求的角度来看，恐怕只有生理需求可以肯定是属于物质需求的。至于安全需求，大概应该是两者兼有之。而再往上的三个或四个层次，似乎都应该是属于精神需求吧！（当然也不能讲得那么绝对，比如第三层中的爱，也会包括生理的、物质的内容，或者说要以第一层次为基础。但是多数内容属于精神需求，恐怕是没有争议的。）换一个角度讲，可以说社会性的需求占得更多，而且随着社会的进步会越来越多，所占的比例会越来越大；而生物性的需求的比例会逐渐减小，当然，作为基础，它将会永远存在。马克思说人是一切社会关系的总和，这就决定了人对于社会、对于他人必然有所求，这种需求就是我们这里讲的精神需求。

那么，精神需求的满足和物质需求的满足有什么根本性的区别呢？物质需求的满足是占有和享用，所以可以通过交换（不管是物物交换还是通过货币交换）实现。精神需求呢？从马斯洛对于归属感、尊重的描述来看，似乎主要是通过别人的态度（包括语言）得到满足的。至于自我实现和自我超越，则更抽象一些，但是恐怕也要具体化为别人的态度，有时甚至是全社会的认可。这可以交换吗？说得再直白一点，这是交换的问题吗？你认同别人，别人就一定认同你吗？你尊重别人，别人就一定尊重你吗？至于全社会的认可就更难讲了。这个问题似乎至今还没有得到足够的重视和深入的讨论。

在这里，需要用到一句老话："精神变物质，物质变精神。"我们先以尊重为例。据说，受到社会尊重的、高层次的人都开奔驰车，于是高层次、受尊重就"物化"为奔驰车了。有人想要得到社会尊重，想要挤入或装作高层次，就可以通过乘坐奔驰车来实现。在这里，我们熟悉的"一切按钱算"再次出现在我们的论域中。（我们曾经亲耳听到有的年轻人说："层次高就是钱多。"）我们不禁要问，这两种需求的关系究竟是怎样的？是否应该对于物质需求和精神需求有所区分，以不同的理念、方式和机制处理，并且相互联系起来呢？面对这样的不同的对象和议题，难道不应该区别对待吗？这不正是需要经济学进行思考和回答的问题吗？能够只是用"一切按钱算"这样的简单化的解释作为回答吗？而在实践中，这种偏颇的结果就是“一切向钱看”的现象不受约束地泛滥。类似的例证实在是不胜枚举。

我们再考虑另外一类精神需求：对于美的追求。不妨回忆一下“文革”结束后的中国人衣着的变化，这表明人类爱美的本性，在长期被压抑之后的爆发，会是多么地强烈！这当然也是一种精神需求。普列汉诺夫早在他的名著，三联书店1973年出版的《论艺术（没有地址的信）》一书中，就曾经把原始部落中关于美的概念的形成和财富联系起来，以此为历史唯物主义辩护。我们从中得到启发是，人们对于美的理解和追求是一种社会属性，它是随着社会、经济、生产发展的水平而变化的，历史的产物，它并不是一成不变的。不同的经济发展阶段中，不同的文化历史背景下，人们对于美的理解和追求是会很不相同的。于是，同样的问题又提出来了，这种精神需求如何物化，和物质产品如何“折算”，要不要、能不能以及如何“按钱算”？这确实是一个很复杂的问题，恐怕不可能有“非此即彼”的简单答案。

与此相关但是又有区别的，还有一种精神需求就是对于相对位置的追求。比如，家长要求孩子必须得第一，这当然就是以其他孩子没有得第一为代价的。这种需求具有明显的“排他性”，竞技体育可以说是它的典型。社会上普遍存在的“攀比”则是其生动的写照。近年来，这种需求披上了“成功学”、“励志”的漂亮外衣，在制造浮躁的社会氛围中发挥了推波助澜的作用。例如，有一句口号称“不想当元帅的士兵不是好的士兵”。这种导向把分工导向社会的不平等，严重地破坏了社会的和谐。难怪在今天的大学里教授比讲师多，助教干脆没有了。在这些现象的后面还是这个基本的理论问题：精神需求的演变和进化（或退化），以及它和物质需求的关系。比如在足球比赛中，可以用金钱买冠军，然后用冠军再换钱；类似地，用钱买官，用官捞钱，用钱买学位，用学位捞钱，如此等等，不一而足！

值得注意的是近年来，这种趋势进一步从“审美”走向“审丑”。如果说，原来还只是把一些美好的东西搞臭（如学位、职称、专家等）的话，那么现在就在走向赤裸裸地“审丑”了。立二拆四在受审时，对于为什么要处心积虑地凭空制造丑恶的“后海僧人船震”事件，他的供述是:“网民就是喜欢重口味”，“负面消息更能吸引眼球”。事情已经到了这样的程度，为了钱，为了出名，为了争眼球，为了争头条，美和丑已经没有什么关系了。在这里，已经完全没有了精神层面的需求，只是赤裸裸的捞钱而已。

类似的、可以深入思考的事情还多得很。奢侈品市场满足的是什么需求？艺术品拍卖反映的是艺术还是经济？球迷的精神需求是什么？追星族的精神需求是什么？对于武打片、恐怖片、色情片、黄色网站的需求属于哪一类？对于网络游戏的沉迷与此有什么关系？

从经济活动的角度来观察，我们可以进一步从所有这些事情中，追寻出在当今复杂的经济系统中，物质需求和精神需求的互动和互相转化的确切轨迹，抽象出在这些过程中公开的或暗藏的利益链，公开的规则和潜规则。显然，如果不弄清楚这些现实的情况，确定和设计出有效的制约方法和应对策略，将是不可能的。这正是我们的经济科学和政策研究应该做的事情。近来看到报载，北京已经出现了奢侈品鉴别师的培训班，培养鉴定赝品的鉴定师，为期十天，收费32,800元。(见2014年9月9日《北京青年报》。)看来，此类利益链还在继续延伸，“分工”越来越细，“专业化”程度越来越高，事情还会变得更加复杂。

从这些令人眼花缭乱的社会百态中，我们似乎可以看到一些发展的规律。某种精神需求起源于个体的、当时当地的社会性的需求；通过交流和互动，这些微观的躁动逐渐形成了社会的需求；顺应已经成为社会潮流的需求，新的分工格局、新的专业化主体（职业和行业）开始涌现出来；这种新的格局和专业化主体一旦稳定下来，得到社会的认可和制度化，就会形成固定的利益链，这是它成熟的标志；而随着文明的演化、转型和更迭，这种格局出现的基础和背景发生变化，走向消亡，这件事物也就到了寿终正寝的时候，只是在新的、下一代的事物身上，留下依稀的历史痕迹，成为活化石。例如，一些原始部落的习俗、艺术形式、民间艺人就是例子。

说了这么多，能够得出什么结论呢？完整的、成熟的结论当然不可能这么容易得到，但是，我们至少可以得到以下几点启示。

第一，所谓需求是非常复杂的，精神需求与物质需求之间存在着根本性的区别，然而它们又是相互紧密联系和互相转化的，这就是经济系统复杂性的重要表现之一。今天的经济学面临的困境，很大程度上就是由于忽视了这种复杂性，简单地把从物质需求中总结出来的规律用到对于精神需求的领域，把“一切按钱算”不适当地扩大到精神领域。今天的许多问题，特别是文化产业中的问题，就是从这里引发出来的。

第二，精神需求涉及人的观念，由历史文化背景形成的价值观，在精神产品和服务的需求中起着巨大的作用，这与物质产品和服务是完全不同的。所以，当前迫切需要对于精神需求进行研究，认识其发展和运作的各种规律。

第三，在现实的经济领域，物质需求和精神需求之间存在着复杂的相互转化、相互影响的关系。对于这种关系需要逐个地、认真地、客观地进行深入的研究和分析。只有对于这些情况有了准确的了解，我们才能设计出有针对性的措施和管理机制，斩断那些导致“一切向钱看”的利益链，建立健康的精神文明和文化市场。

这几点启发对于我们进一步深入研究现实，更新经济理论，应该说是提供了有益的启示和可行的切入点。

2.3 信息资源的特点以及精神产品的生产、提供

上节我们讨论了精神需求的复杂性。在讨论中已经涉及了相应的供给问题。如果说精神需求的概念和含义本身就是十分复杂的话，那么，如何满足这种需求就是一个更大的难题。因为，精神需求是否得到满足，比物质需求更具有主观性和不确定性。与此相关的一个议题就是信息资源与物质资源的区别。本节我们围绕这两个问题来进行一些初步的分析。

我们先从信息资源谈起。近来大数据热方兴未艾，在这种情况下，大概不

会有人明确地反对信息是资源的观点了。早在20世纪末，学术界和社会上对于信息的关注就开始不断升温。人们把信息与物质和能量并列，称为社会和经济发展所依赖的三项最基本的资源。大量事实已经充分地表明：在物质资源和能量资源数量相等的情况下，如果人们能够有效地利用信息资源，进行合理的安排和调度，就能够产生成十倍、成百倍的效果。有人把信息资源称为“倍增器”。特别是近来，党和国家的领导人进一步明确：“没有信息化就没有现代化。”这对于中国的伟大复兴将发挥根本性的推动作用。看来，信息资源对于物质产品生产的作用已经不会有什么争议了。但是，至今还没有得到充分重视的一点，是信息资源对于精神文明建设，对于满足人们的精神需求的重要作用。

当讨论到这里的时候，我们就会发现，人们对于信息资源的概念，以及信息资源不同于物质资源、能量资源的特点，还远远没有搞清楚。这也不奇怪，因为关于信息本身的概念和含义，至今仍然还是众说纷纭，更不要说信息资源了。但是，既然我们要开发信息资源、利用信息资源，总要有一个基础。在这里，我们梳理一下现在已经可以明确的几点理解和认识。

首先，信息资源与物质资源的不同在于它的共享性。物质资源的基本特点是独占性。也就是说，这个馒头我吃了，你就不能再吃，所以才引申出了所有制、交换、价值等一系列事情。信息资源则不同，我听了这首歌，并不影响你听，我看了这个电影，你完全可以再看。今天我们在欣赏莫扎特和莎士比亚的时候，并不是在和他们进行任何意义上的“等价交换”。当然，我们在和唱片公司或剧场进行交易，买唱片或买戏票。但是，这是在买“载体”，而不是买它的内容，或者说“魂”。同样地，我们在学习相对论的时候，可以花钱上学，可以花钱买书，但这并不是要把相对论据为己有。经济领域的信息也是如此，特别是在今天，随着信息技术的普及，大量信息向公众开放，人们进行经济科学的研究与企业管理能够更加科学，进行营销可以更加有针对性。在这方面，虽然由于载体和加工能力等方面的问题，不可能完全无偿，但是这种代价往往不是为了信息的内容，而是由于载体、渠道、服务等原因。而且这里一般不涉及信息资源的所有权的转移。

其次，信息资源的特殊性在于它的虚拟性和易复制性。相应的，物质资源的特点则在于它的实体性和难以复制。在上一段中其实我们已经涉及了这个问题。信息资源需要载体，但是并不等于载体；信息资源的获取需要渠道，但是也不等于说渠道就是我们所要的内容。内容、载体、渠道三者的关系就是货、车、路的关系。物质产品也可以复制，但是其成本和代价是很大的，正因为这样，会计科目中才会区分固定成本和可变成本，传统的经济学中才会出现对规模效益的研究。对于信息资源来说，创造和复制的成本差别极大。这种易复制性，导致经营管理上需要完全不同的理念和方法。知识产权的问题就是由此产生的。事实上如果这方面的关系处理不好，创造的积极性就会被复制的极端方便吞噬掉，最终毁掉创造信息资源的事业，出现名副其实的逆淘汰。我们在科学研究、艺术创作、出版印刷、电影电视等领域，都已经看到这种情况的表现。出现这些情况，从根本上来说，正是由于人类对于信息资源的规律还缺乏科学的认识，还没有找到有效的处理机制和应对方法。

另外，信息资源的非对称性和主观性也是它的基本属性之一，这也正是其价值之所在。信息的概念从一开始就是和不平衡、非对称联系在一起的。如果信息已经为所有方面都知道，它就没有价值了。信息的价值与使用者、使用环境密切相关。讲宽一点，只有在一定的场合、一定的环境中，信息资源才是有价值的。讲窄一点，只有对于需要的人，信息资源才是有用的。从这种意义上讲，信息的不对称、信息的不完整是永恒的、绝对的。也正因为这样，信息资源及其管理和利用才需要研究和重视。

最后还有一个非常重要的特点：对真实性的要求。前面我们已经讨论过信息的巨大作用，包括正面的和反面的作用。虚假信息造成的危害常常是灾难性的。在信息不平衡的情况下，掌握信息的一方占有优势，它可以用这种优势做好事，也可以用这种优势做坏事。对于这种情况，人类必须要有充分的准备。否则，就像化石能源带来的环境污染一样，虚假信息造成的危害将成为信息时代的一个挥之不去的梦魇。

正是信息资源的这些特点，决定了它与物质资源的利用和提供方式具有巨大的区别。对此我们需要有充分的认识和估计。信息资源管理是一个专门的领域，在这里不可能全面地讨论，有兴趣的读者可以查阅专门的论著，例如在武汉大学出版的《信息资源管理》杂志。

具体到我们这里的议题：对于人们的精神需求的产品和服务来说，关于信息资源的理解和认识是非常重要的、不可缺少的。因为满足精神需求，从根本上来说是靠提供信息资源，物质资源在这里主要是作为承载内容的载体和获取信息的渠道。比如，图书馆和博物馆是知识的载体，传递的是科学和文化的信息，满足的是对于知识和宇宙规律的好奇心。而对于奢侈品来说，比如红酒和名牌手袋是载体，传递的是"我有钱"的信息，满足的是炫富的虚荣心。这些都是客观存在着的人的精神需求，在这里我们暂且不做是非、对错或者好坏的评论。

从经济学的角度来说，我们需要再次强调的是：对于这个方面的"供给"，并不像教科书上告诉我们的那么简单，就是那么一条向上或向下的曲线。无论是从社会心理、信息资源等理论的角度来理解，还是从当今社会的种种现象中归纳，我们都可以明确地指出，现有的经济学中关于需求和供给的理论，对于精神需求及其供给来说，实在是太贫乏了、太简单化了。我们可以列出一些现象作为例子，探究一下其背后的理论失误。

- 精神产品和服务的关键是内容，关键是"魂"的创新。在当今的社会上，写书的不如卖书的，编剧不如演员，作曲写词不如歌手的现象已经成为常例。这就是我们现在的文化市场出现的种种问题的根源。然而，据说这就是"遵从市场规律"。显然这是我们的管理理念出了问题。
- 精神需求无疑是要受价值观指挥的。精神需求的满足当然与精神文明建设分不开。然而，票房第一、码洋第一、收视率第一导致一些低俗的内容屡禁不止，"厚黑学"之类的精神鸦片能够堂而皇之地出版，据说这也是市场经济的自然的结果。我们的指导部门和管理部门为什么会如此软弱无力呢？除了利益关系之外，恐怕理论上的、指导理念上的混乱和迷茫也是原因之一吧！谁愿意承担阻碍市场经济发展的罪名呢？

- 广告的泛滥已经是老百姓一致公认的公害。一些电视台的广告时间之长、出现之频繁，几乎到了使人厌烦的程度。确切地说，广告和营销并不属于我们这里讨论的满足精神需求的议题。但是，一些情况却使我们不得不把它们和精神需求联系起来考虑。比如，明星代言。近来，有关方面已经在讨论有关的法律修改问题，我们认为这是非常需要的、非常迫切的。明星代言负责任吗？代言者对于产品质量真正了解吗？厂家利用的是老百姓对于明星的喜爱（这是精神需求），达到的是销售量的提升（这是现实的物质利益），付出的是高额的广告费（精神需求变成了真金白银），结果是产品成本的提高，羊毛出在羊身上，产品价格提高，消费者付出了真正的代价。在这个价值链中，我们不但看到了精神需求和物质需求的复杂关系，同时也看到了“一切向钱看”是如何侵蚀着市场经济的诚信基础。如果我们联系到近来央视揭发出来的、一系列与广告有关的贪腐案件，就能够更加直接地看到这种情况的巨大的腐蚀作用。从分析广告的乱象和由此引申出来的贪污和腐败问题入手，也许能够对于在如何认识精神需求的问题上正本清源提供一些启发。

说到这里，我们可以做一点小结：为了澄清在一系列现实问题上的思想混乱，对于精神需求和物质需求的特点和规律加以认真的区别，无疑是非常必要的。在现实经济生活中，需求和供给的情况十分复杂，除了我们提到的这几个例子之外，还有许许多多值得深入研究的事情。所有这些，用简单化、绝对化的思路无法回答、无法解决。坚持“一切按钱算”的思维，听任“一切向钱看”的蔓延，是不可取的，也是不负责任的。对于经济学界来说，必须改变思路，承认和面对复杂性，进行具体的研究，才能对现实的政策研究提供有用的建议。例如，对于广告业，对于小广告，对于推销电话，究竟应该如何管理和引导。

2.4 再谈效率和公平

在经济学领域，关于效率和公平的争论由来已久。从上面的讨论中，可能会有读者得到这样的印象：你们强调公平、忽视效率。的确，我们上面质疑的一些观点和现象，几乎都是以强调效率为理由的。无论是鼓吹“一切向钱看”，还是要“理直气壮地挣钱”，理由无非是要追求经济的高效率，要实现“资源的最优配置”。至于由此产生的其他影响，如失业、贫富分化、社会不公等，对于这些论者来说，只不过是“必须付出的代价”或“不可避免的过渡阶段”。如果谁要对于这些提出质疑，那就是不要效率，违反经济规律，再严重一点就是主张平均主义和大锅饭了。按照这样的逻辑，我们恐怕是会被归入强调公平、不要效率之列的。所以，在这一节中，对于“公平和效率”这个永恒的话题，我们还需要说明一下观点和立场。限于篇幅，这个回答只能是很一般的、简单扼要的。

先要明确几个概念：效率、公平、合理、公正、平等、尊严、自由。关于效率，前面已经多次谈及，这可以说是经济学家最看重的事情。我们无意低估效率的重要性，只是需要说明两点。第一，谈效率必然要问对谁来说的效率，即主体是谁。对于不同的主体，效率是不同的。在一个多主体、多层次的复杂系统中，笼统地、抽象地谈效率，是很危险的。第二，效率的评价标准是什么？在讨论多视角、多维度的复杂议题时，评价指标的选择无疑会对结论产生直接的、巨大的影响。和效率一样，公平和合理在经济领域也是与主体和评价指标密切相关的。所谓“公平交易”，所谓“合理的报酬”和“合法的收入”，所谓“公平合理的分配制度”都隐含着一定的主体或视角。“理”和“法”都是因人因时因地而异的，这是毫无疑义的。至于公正，则主要不再是经济概念，而是法律概念了。“法律面前人人平等”、“真理面前人人平等”，说的是作为一个人的地位，应该和钱多钱少没有关系。尊严和自由则是上面讲到过的精神层面的需求。为了限定范围，我们这里还是主要从经济学的角度来看待。对于公平、尊重、平等、自由等等，主要都是从具体的、从事经济活动的人的角度来观察。

事实上，对于这个问题的讨论有两个关键点：经济活动的动力，社会财富的分配。注重效率的论者，特别强调保持和调动社会成员从事经济活动的积极性，平均主义和大锅饭的根本弊病就在于从根本上挫伤了社会成员的积极性。这在原则上是正确的，也是为社会实践所反复证明了的。我们对此并没有异议。问题是，仅有公平，特别是经济利益分配的公平，难道不是同样也在制约和影响着社会成员从事经济活动的积极性吗？当经济系统的**和谐**遭到破坏，当相当部分的社会成员对于**分配的格局**不满意，认为自己受到了不公平的待遇、没有得到应有的份额的时候，这样的系统能够稳定吗？这样的“效率”能够持久吗？回到我们前面讨论的分工合作的问题，这里还是纠缠在“财富从何而来”这个问题上。如果我们能够真正从系统产生效益的理念、从“一加一大于二”的理念来看待经济系统，并在此基础上考虑相应的分配问题，就不难看到整个经济系统的稳定、和谐和可持续才是全体社会成员的根本利益所在，这既包括在系统中处于劣势地位的群体，也包括占据了优势地位的群体。“覆巢之下，安有完卵。”如果整个系统崩溃了，“玉石俱焚”，所有成员都将陷入灾难。从这种意义上讲，任何导致系统不和谐的极端态度都是有害的、都有可能导致灾难性的后果。这既包括“吃大户”、“大锅饭”式的仇富行为，也包括形形色色的炫富行为。前者的理念是“为富不仁”，后者的理念是“弱肉强食”、“丛林法则”。从思想方法和理念的角度来看，这两者都是片面地、绝对化的思维方式，都是不承认“分工合作创造了财富”这个基本的事实。套用前面引用过的索罗斯的说法，效率和公平的对立，和其他的所有二分法一样，实际上是人们的抽象思维的习惯所造成的。

说到这里，我们需要对于“差别”的概念做一点说明。当人们讲公平或者平等的时候，常常提到“消灭差别”。这里需要做一点进一步的分析。当我们希望实现公平或平等的时候，是否就意味着消灭人与人之间的差别呢？当然不是。差别是客观存在的，不是说消灭就可以消灭的。这既包括分配上的差别，也包括人与人之间的其他各方面差别，比如智力水平、体力水平，甚至身高体重。当我们说“法律面前人人平等”、“真理面前人人平等”的时候，是指作为一个公民应该受到的尊重和保护，并不是要消灭人和人之间的各种差别，恰恰相反，正是出于正视、承认、尊重他们之间在思想、观念、风俗等各种方面的差别。科学的大量实例告诉我们，世界的发展、复杂系统的发展往往是从简单走向复杂、从没有差别走向有差别、从较少差别走向更多的差别。物理系统是这样，生物系统是这样，人类的社会经济系统更是这样。随着分工和专业化的进展，差别显然是越来越大，而不是消失。历史已经证明，试图用消灭差别的方法去解决矛盾和冲突，不是倒退就是空想。用中国传统的理念来解释，和谐就是“和而不同”，而并不是消灭差别。人们经常谈论的“分配平等”和“机会平等”的问题也与此有关。“机会平等”是尊重人的基本权利和基本尊严，并且鼓励人们发挥积极性、主动性、创造性，创造更多的财富。这其实就是鼓励形成差别。所谓创新不就是与前人不同，与别人不同，“制造”差别吗？而片面强调“分配平等”的平均主义，则与此相反，否认差别，用大锅饭的方式挫伤人们的积极性和创造性。

十几年前，茅于轼教授在《新制度经济学名著译丛》的序言中曾经讲到，市场经济能够保证效率，但是它又是有严重缺点的。他指出的缺点之一就是会破坏和侵蚀市场经济自己的基础——平等。（参见杨小凯、黄有光著，《专业化与经济组织》，经济科学出版社，1999年，第5页。）确实如此。但是，茅于轼教授对于能不能有更好的制度表示悲观。其实，从我们的观点来看，这正是传统经济学的绝对化、简单化的思想方法造成的问题。只要我们把效率和公平的关系摆正确，把它们看成复杂系统实现和谐发展的不可分割的两个侧面，这个问题就并不难理解和处理。出路就是：大家都要承认财富是分工合作、共同创造的，超越传统的经济理论（特别是价值理论）制造的悖论，不再人为地扩大分工造成的收入差别过大的趋势，那么，新技术革命带来的“红利”就一定会使人类走向共同富裕。效率与公平就像一个硬币的两面，不可分割，不可偏废。对于现实的经济政策研究来说，重要的问题是针对现实的形势与议题，进行合理的权衡，防止任何一方面的绝对化。就像在培养司机的驾驶学校里，没有一位教练员会告诉学员，开汽车就是要向右转，或者就是要向左转。他只能告诉学员，要注意看清前面的路，把稳方向盘，该向左的时候向左，该向右的时候向右。很奇怪，与这样的普通常识背道而驰，一些经济学的讨论常常会陷入绝对化的、非此即彼的无谓争论，非要争出一个答案：到底是效率优先，还是公平优先。可见，绝对化的思维方式影响之深、危害之广、清除之难。

那么，现在我们面临的主要倾向是什么呢？这就已经不是理论的议题，而涉及现实的经济政策的研究了。这需要具体问题具体分析，无法泛泛而论。现实的经济问题十分复杂，我们既面临着囿于传统体制的效率低下的问题，也面临着分配不公的种种现象。当然，从总体来说，计划经济的结构已经打破，社会主义市场经济正在走向完善，这是已经为三十多年的现实所证实的，毫无疑问的。现在的主要任务是要合理地处理各种各样的、新出现的矛盾和问题，用和谐社会的理念协调方方面面、各层次的经济利益，真正做到“在少数人先富起来以后实现共同富裕”。具体的经济政策研究不是本书的讨论范围，在这里不可能深入讨论。我们只能就经济理论的基本理念提出一些思考。

总之，关于效率和公平的问题，从复杂系统的理念来看待，仍然是一个破除绝对化、简单化的思维模式的问题。平均主义和差距过大都是不利于经济系统健康发展，不利于社会和谐的错误倾向。其实它们的思维方式是一样的，都是简单化、绝对化的传统理念。对于效率和公平的问题，我们迫切需要的是实事求是地、符合辩证法的、具体事情具体分析的、“和而不同”的客观态度，而不是抽象地争论效率和公平孰先孰后。例如，在更高的层次上保证系统的和谐存续，发展更要紧。这就是我们的基本看法和回答。

第三章　分工合作的扩展和延伸

本书讨论的是经济理论，并没有打算扩展到更广泛的社会科学领域。然而，作为一种复杂系统，必然有其特定的外部环境和背景，经济现象和社会、道德、法律、心理种种要素都是不可分割的。在经济理论研究领域，似乎有一种成见：经济规律是独立于社会、心理等因素的，谈经济就不要谈其他的社会问题。其结果就出现了这样一种双向的怪现象：一方面，经济理论研究理直气壮地拒绝谈论道德和社会责任；另一方面，从经济学中引申出来的“一切按钱算”、“一切向钱看”的理念，毫不客气地大举进入社会生活的各个方面，从学术到艺术，从“性”到“官”，“有钱能使鬼推磨”，“厚黑学”大行其道。

这已经不是理论问题，而是现实问题了。我们不得不想一想，这到底是怎么回事？对于这样的现状，经济学有责任吗？经济科学应该做出怎样的回应？简单地说，我们的观点是：第一，经济学不能脱离社会环境和背景，经济学不能拒绝讨论道德和社会责任；第二，经济领域中的各种命题和理念，不能简单地引申或搬到其他领域。就像任何规律都有一定的适用范围和界限一样，经济规律也不能简单地滥用，更不能成为贪官和奸商的辩护词。

限于篇幅，不可能在这里进行这个问题的深入讨论。我们只在这一章里，就分工合作这个经济科学的基础议题，谈谈从经济领域到整个社会的引申以及由此带来的一系列现实问题。我们将从公共服务开始，涉及医疗、教育、养老等问题，进而讨论经济和社会的相互联系和相互作用。

3.1 从守夜人到公共服务

近来关于公共服务的讨论已经有不少。强调公平的人们，把扩大和加强公共服务，作为解决社会分配不公的一项重要措施。强调效率的人们，则担心由此回到“大锅饭”和平均主义的老路上去。甚至在美国，关于奥巴马的医疗保险改革的争论，背后也是在这个问题上的不同理念的差别。所以，很有必要讨论一下，从经济学的基础理论来看，究竟什么是公共服务？它的地位和作用是什么？我们究竟应该如何看待和安排公共服务？

其实，早在亚当·斯密的理念中，就已经有了公共服务的萌芽，这就是关于所谓“守夜人”的想法。在《国富论》中，亚当·斯密虽然一再强调“看不见的手”，强调“交换导致分工”，但是他还是把“守夜人”的功能保留下来，交给国家来承担。为什么要这样呢？显然，亚当·斯密很清楚，并不是所有事情都能够用“看不见的手”来处理的，还会有一些事情需要由“看得见的手”去处理。同时，对于交换的理解，也不只是简单的、即时发生的物物交换，这里既包括长期的承诺，也包括对于精神需求的提供，比如“守夜人”提供的安全感。这正是马斯洛的理论中人的需求的一个重要内容。这就表明，亚当·斯密并没有像今天的一些后继者那样，把“看不见的手”和“等价交换”绝对化，而是很清醒地认识到，并不是所有的事情都可以用简单化的方法解决的，所以他才留下了“守夜人”的精彩表述。

从这里我们至少可以得到两点启示：第一，公共服务从来就有，而且会越来越多；第二，等价交换不能概括一切，有许多事情是无法等价交换的。

首先，在社会经济这样复杂的系统中，必然会有一些事情涉及整体或全体成员的利益，而且往往是无法区分你我的共同利益，否则就谈不上形成一个系统。其实，这就是公共服务，或者说系统中整体和个体利益的接合部。这正是系统的和谐、健康、协调的关键所在。这也就是为所有个体提供服务的整体功能，用亚当·斯密的精彩概括来说，就是“守夜人”的职责。这难道不是再简单不过的道理吗？在亚当·斯密时代的教堂或小镇上，守夜人巡视着院落和街巷，点燃和熄灭路边的街灯，给人们以安全的夜晚。这是教堂和小镇的需要，也是教士们和居民们的需要，这既是整体利益，又是为所有个体服务的。这种利益由谁来提供和保障呢？这就是需要“守夜人”的原因。

这种利益往往不是能够用简单的方法计量的。谁能计算出对于教堂和居民来说，一个安全的夜晚值多少钱？又有谁能够计算出，为50人的教堂守夜和为500人的小镇守夜，经济价值差多少倍？到了今天，这样的问题就更多了。北京的空气质量价值多少？我们呼吸新鲜空气需要付出多少钱？交通堵塞的治理，需要用什么样的机制、付出多少代价才能实现？由谁来组织和实施？而且，我们可以清楚地看到，随着技术的进步，随着社会化程度的增强，这样的事情越来越多。今天一个大城市的“守夜人”，要管的事情包括了水电、交通、电信、治安、市容卫生、环境保护等等，比中世纪的“守夜人”多了不知道多少倍。所以，对于复杂系统来说，“守夜人”绝对不是可有可无的！并且随着社会越来越复杂，公共服务的内容和范围还将越来越多，在社会和人类的生活中的作用也越来越大。

在公共服务领域中，许多事情是无法“等价交换”的。这是因为许多公共服务是不能进行比较和交换的。比如所谓“搭便车”的问题。当“守夜人”在小镇上点亮街灯的时候，他不能要求没有能够及时交上税的穷人闭上眼睛，不得享用街灯的亮光。由于许多服务的整体性质，人们已经无法进行等价交换。在这里，整体利益和局部利益已经融合在一起，无法区分，更无法交换。在这里只能用合作、共同创造、共同享用的理念去认识和处理。我们在前面曾多次讨论过两对基本的矛盾：整体利益和个体利益，眼前利益和长远利益。正是在公共服务中，这两对基本矛盾得到了统一和协调。人人遵守交通规则，得到的结果是大家都享受有序、安全的交通环境。大家不放鞭炮，得到的结果是大家都享用清洁的空气。这种协调不是通过“等价交换”实现的。并不是我今天遵守了交通规则就能得到多少钱。记得几十年前听到过一个笑话：有一个人随地吐痰，被要求罚款五毛，他掏出了一元钱，但是执法者手上没有零钱找他，于是他说：“我再往地上吐一口痰吧！”显然，如果人们在这些事情上短视地斤斤计较，其结果必然是大家倒霉，出现所谓“公地悲剧”，其结果是“覆巢之下，安有完卵”，“玉石俱焚”。在这些事情上，享用和遭难是不分穷人富人的。这就是系统科学所一再强调的，个体组成系统时出现的新的质的一个组成部分。当我们享用系统带来的增值效益的时候，不能忘记同时带来的、必须承担的公共服务。

有人担心，强调公共服务会导致大锅饭。必须说明，公共服务与平均主义地分配社会财富完全是两回事。公共服务的提供是为了建立社会整体健康运行所需要的基本环境，同时这也是为了所有个体能够有效地参与社会而提供的基本条件。社会进步的动力和活力来自于所有社会成员的积极性。平均主义和大锅饭，正是错在磨灭了、挫伤了这种积极性。“文化大革命”中所谓的政治工分，就是这样的典型。其造成的后果就是出工不出力，严重地破坏了生产力。这是我们都亲身经历过的。在一些实行高福利政策的国家，由于福利过高而出现养懒人的情况，以致影响了经济发展的活力，他们现在也在对此进行反思。奖懒罚勤的大锅饭肯定是不可取的，我们当然不能再回到这样的情况。

问题在于合理地把握公共服务的界限和范围。鼓励先进，多劳多得，是必需的，是社会主义的分配原则，这是毫无疑义的。这也不是公共服务的范围和目标。公共服务的范围是社会向公民提供的基本权利和基本保障。比如，交通设施和市政设施，电信和通信，文化设施（例如公园和博物馆）和环境等等。这些必须是免费或低价的。只有提供广大群众看得见、摸得着的公共服务，使人们得到切实的社会保障、安全保障，得到作为公民的尊严和尊重，从而产生作为社会成员的自豪感和荣誉感，以主人翁的责任感和热情投入经济和社会建设，整个社会经济系统才能够充满活力、蒸蒸日上。相反地，如果任凭“弱肉强食”的“丛林法则”发挥作用，听任收入差距放大，炫富之风盛行，让多数社会成员面临贫困的威胁，进而产生被剥夺的感觉，那么整个社会就会出现不安定的焦躁情绪，甚至影响社会的稳定。古人云“一人向隅，满座不欢”，更不要说多数人自认为是“失败者”、“被淘汰者”将会造成怎样的社会危机。事实证明，轻视公共服务、扩大贫富差距和大锅饭、平均主义，两种极端的结果是一样的，都是破坏生产力、阻碍经济发展。

遗憾的是，在一些所谓理论的影响下，现实中的一些做法恰恰是在培养和助长这样的情绪。例如，根据“20 / 80定律”，眼睛只盯着高档消费市场；西湖边上最好的地段用来建立私人会所；奢侈品市场（例如红酒）的畸形发展等等。北京的大街上曾经公然出现这样的广告:“只为少数人服务的房子”。这已经不只是炫富了，而是在公然向共同富裕的社会主义基本理念挑战了。这和我们改革开放的宗旨，实在是背道而驰的。且不说这些现象为贪污腐化提供了温床，仅从经济活动的指导理念来说，就是十分错误的、十分有害的。

从十八大以来，党中央采取了一系列具体措施，从反“四风”八项规定到整顿私人会所，已经在实践上纠正这些不良倾向，这是深得民心的。现在需要的是从认识上、经营思想上弄清楚理论上的是非，肃清支持和导致这些错误倾向的歪理邪说的影响。在这方面，强调公共服务的必要性和重要性，扫除对于“平均主义”、“大锅饭”之类批评的惧怕，理直气壮地举起共同富裕的旗帜，是一项重要的内容。

3.2 分工合作的延伸——医疗、教育和养老

在上面的讨论中，我们已经多次说明，分工合作是人类社会和经济系统得以形成和发展的最基本的机制，所有的现象、难题、规律、机制、复杂性等等，都是从这里引申出来的。分工合作是一个根子，以它为起点，我们已经依次讨论了经济领域的许多问题，如价值问题、需求和供给问题、分配问题、公共服务问题等等。在这一节里，我们要来区分一下社会与经济领域的分工合作。因为，在当前的许多现实问题中，我们经常能够见到把经济中的分工机制，例如“等价交换”，简单地搬用到其他领域的现象。对此我们要进行思考和回答。

从概念上说，社会包括经济，它比经济的范围宽，而经济关系则是各种社会关系的基础。对于分工合作的研究来说，首先得到重视并且比较深入讨论的，是在经济领域。当然，对于更广范围的分工合作的研究现在也已经展开。近期的一

些畅销书，例如《超级合作者》（马丁·诺瓦克等著，浙江人民出版社，2013年）等，就都已经把研究扩展到狭义的经济领域之外。毫无疑问，在不同的领域都需要研究分工合作，然而在各个领域之间，分工合作的情况和规律，是会有一些根本性的区别。由于历史发展顺序的影响，人们常常有意无意地把狭义的经济领域的分工合作与延伸到社会其他领域的分工合作混为一谈，忽略了它们之间的区别，把一些在特定条件下形成的理念、方法或结论，也跟着简单地搬到了其他领域。特别是近年来，在“按经济规律办事”、“产业化”的口号的影响下，这种情况相当普遍。这往往带来了一系列问题和偏颇。例如，在经济领域的分工合作中，等价交换可以说是合理的、基本的形式和机制，虽然如前面已经讲到过的，即便在经济领域也存在着不能用“等价交换”的情况和场合，至少我们可以说在市场经济中，等价交换是一种主要的形式和机制。但是如果简单地把“等价交换”、“一切按钱算”搬到其他的一些领域，就会带来严重的后果。

在这一节里，我们就以医疗、教育、养老三个领域作为例子，说明在这方面的简单化地“按经济规律办事”会带来什么样的结果。

这三个领域都是社会分工合作的重要内容。人类社会进步的过程，可以说就是人类活动的社会化程度不断提高的过程。对于每一个人来说，生老病死是个人的事情，就像饮食男女、衣食住行是个人的事情一样。然而，随着人类社会的进步，所有这些事情都在通过分工合作走向社会化。实现衣食住行的社会化，就产生了我们所熟悉的、基本的经济活动。而提供生老病死相关服务的社会化的，就是我们这里所说的医疗、教育和养老等领域。这些社会功能的实现，也是通过分工合作完成的。当然，这种分工合作与基本的经济活动中的分工合作一定会有许多不同的特点。

如果每个人都自己种粮食吃，自己织布缝制衣服，自己盖房子住，这还能说是社会吗？当然不是。即使在原始社会，也不可能百分之百地“自给自足”。随着社会的进步，人们的衣食住行越来越多地依赖社会提供。社会之所以能够提供这些衣食住行，就是因为人们通过分工合作和专业化，不断地提高生产效率，生产的东西多了；而实现这样的社会化的生产和分配的机制，就是分工合作和交换。这就是我们所熟悉的经济活动的最基本的细胞。

那么，关于生老病死的相关需求情况又是怎样的呢？这些相关的服务是如何得以实施，并实现社会化的呢？

首先从医疗谈起。专业的医生是什么时候产生的？据希腊的记载，西方的“医学之父”希波克拉底，生活在距今大约2,500年前。他已经是世代家传的医生了。所以，专业的医生应该产生在更早的时代。早期的医生和巫师很难区分，他们的任务都是帮助人们祛除病痛，至于是求助于对于疾病和药物的知识，还是求助于鬼神，恐怕也不是一下子就能够分辨清楚的。无论如何，当对于疾病和药物的知识已经不是人人都能够掌握的时候，专业的医生就出现了。这不就是专业化的开始吗？医生给人们治病，没有时间自己种粮食，所以他提供医疗服务的人们要给他足够的粮食，以便保证他能够集中精力给人们治病。这无疑是社会的一种分工，这也许也可以称为是一种交换，但是却很难说是“等价交换”。因为这里既没有劳动时间的计算，也没有疾病和生命的定价。在中国，《黄帝内经》被奉为最早、最权威的经典，其产生时间尚无定论。专门的医生的出现，恐怕也不会比西方晚。“提壶济世”的郎中从来是被视为善人义举，而不是一手交钱、一手交货的买卖人。所以，医疗领域历来就是人类社会的需要、和谐和健康的需要，是一个得到尊重的领域。到了现代社会，尽管药品和医疗设备是物质产品，需要遵从商品经济的规律和机制，但是医生始终是得到尊重的白衣天使，而不是推销药品的推销员。为了保证全体社会成员的健康，虽然具体形式五花八门，各国都建立了一定的社会医疗保险制度，明确了社会和国家的职责。而医疗支出的比例也已经成为文明发展水平的一个重要标志。显然，把“等价交换”和“一切按钱算”的理念引进医疗领域是绝对错误的、十分危险的，至于用经济指标考核医院和医生，“以药补医”，对于医疗领域来说更是一场灾难。

再说教育，孔夫子应该是中国历史上最有名的专职教师了。他收的“束修”就是最早的学费。这显然是一种社会所需要的、典型的分工合作。子女教育到底算个体利益还是人类的整体利益，这件事情似乎说不大清楚。其实，从这里已经可以再一次看出，所谓个体利益和整体利益之间绝对化的对立，确实如索罗斯所说，是人们的抽象思维制造出来的。姑且就把子女教育算成是个体利益吧！这大概是父母的天职，总应该亲自来承担。然而，历史进步的实际情况是：从私塾到今天的幼儿园、学校，我们看到的是越来越多的专职人员承担了以前，或者人们曾经认为"应当"由父母承担的责任。虽然说"养不教，父之过"，然而还要说"教不严、师之惰"。教师和其他专业的教育工作者，当然需要得到足够的生活保障，才能专心地做好整个人类的下一代的培养工作，社会和家长付费是必需的、合理的，然而也是很难用价格的高低来体现和衡量的。（在这个领域，提倡优质优价是要十分谨慎小心的。）教师的工作既是对人类整体的贡献，也是对家长提供的服务，这两方面是无法分割的，也无法斤斤计较地计算，更不是可以交换的。人们把医务工作者称为"白衣天使"，把教育工作者称为"灵魂的工程师"，给予尊敬和爱戴，所有这些，难道都可以用冷冰冰的利益交换所概括吗？说这些是分工合作，完全正确；说这些是等价交换，则是错误的，不符合实际的，更是有害的。和前面提到的对于医院和医生用经济指标考核一样，对于学校和教员用经济指标考核同样是完全错误的、极其有害的。近年来，一些大学里以科研经费的数量来评定职称的怪现象，就是这种倾向的恶果之一。

中国自古以来对于和谐社会的理想就包括"幼有所教，老有所养"。上面说的教育领域是提供"幼有所教"的环境。至于"老有所养"所要解决的，就是目前也已经在热议中的养老问题，或者说老龄化社会问题。无须解释，这又是一个分工合作的问题，不过这是一个跨越世代的分工合作问题。与前面的所有问题一样，它是分工合作，但是无法等价交换。养儿防老、养老保险，以及近来推出的"以房养老"等思路，都是试图回答和解决这个跨越时间和世代的分工合作难题。按照我们的思路，这里同样需要从个体和整体利益协调的理念出发，强调合作（这里是不同世代的人合作），而不是强调"等价交换"。有一个笑话很值得回味。一个老汉的儿子很不孝顺，他却对孙子百般照顾，有人问他为什么这样做，回答是“他将来会替我出气”。这说明，在这里需要的仍然是合作和相互理解的理念。每个人都有年轻力壮的时候，也都有年衰力竭的时候。据说在古时候许多民族曾经有抛弃老人甚至杀死老人的习俗。在生产力极其低下的时代，也许这是有其必然性的。然而当人类社会发展到今天这样的富裕程度，发展到今天这样的文明时代，人类的智慧和能力是完全可以找出有效地、妥善地协调代际之间的合作模式的。关于老龄社会的具体政策研究是一个巨大的课题，不可能在这里展开。我们要说的只是一个基本的理念：只看眼前的短视观点、现货交易式的“等价交换”是不可能正确解决老龄化社会的问题的。我们需要的是全局的、长远的、整体利益和个体利益紧密结合的理念和解决方案。这是对于人类文明和智慧的考验，对此我们是持乐观态度的。

3.3 经济与社会的互动

前面不少章节涉及经济和社会、文化、人的心理的关系。针对当前的一些现实问题，我们在多处强调了不能简单地把经济领域的局部现象和规律，搬到其他的领域去。这是因为现在的主要倾向，是以“按经济规律办事”为理由，对于“一切向钱看”的盲目吹捧。

但是，这很容易造成一种误解，似乎我们是要切断经济与社会的联系，反对把经济与社会、文化、道德、心理以及其他领域联系起来进行考察。其实，我们反对的是：简单地把在一个领域中确实正确的经验和结论，不加区别地、简单地搬到另一个领域中去。作为社会的一个重要的、基础的部分，经济与其他领域的联系与互动是非常重要的、非常需要研究和重视的。传统的经济学的一个重要失误，在于忽视这种联系和互动，“就经济研究经济”。按有些人的说法：“我谈的是经济规律，你不要跟我讲道德和社会责任。”这恰恰就是我们要反对的。

按照唯物辩证法的普遍联系的基本理念，经济与社会是不可分割的，它和其他各领域的相互联系和相互影响是我们必须认真加以研究的。经济现象是在一定的时期、一定的人群、一定的文化、一定的技术的基础上出现的，所以经济规律是历史的产物，它不是抽象的，而是具体的。经济现象必然受到上述种种因素的规定和制约。前面我们曾提到著名数学家丘成桐教授在《大宇之形》一书中的观点：物理规律受到空间形式的制约，在不同的空间中物理现象遵从不同的物理规律。我们从中得到启发：经济规律受到社会背景的制约，在不同的社会背景下经济现象遵从不同的经济规律。正像牛顿的理论在一定环境下的正确性和有效性，并没有穷尽物理科学一样；在一定时期内、一定程度上反映了经济规律的古典经济学，也不可能穷尽经济科学。

今天我们面临的情况是怎样的呢？现代信息技术的深远影响正在迅速地展示出来，信息时代的序幕正在拉开，人类的眼界空前扩大。从自然科学到社会现象，在这三十年中我们面前展现了太多的、以前无法想象的现象和情况。从世界范围的反恐到可穿戴设备的兴起，从无处不在的代沟到不同文化的冲突和融合，社会变革之迅速令人瞠目结舌。大家都感到，我们还没有做好准备，变革的风暴已经来临。社会各界，包括领导者和公众，需要新的理念、新的思路，信息经济和电子商务呼唤新的经济理论。

所以，我们正是要研究这种新的经济格局（用我们习惯的话讲，就是信息经济），与信息社会的内在的、本质的相互联系，研究它们之间的相互推动和相互制约。当然，还应该包括研究信息经济如何与工业社会和工业经济衔接，以及如何从前者过渡而来。

所谓信息社会，当然要包括社会生活的方方面面，例如法律、社会治理、政治制度、伦理道德、社会心理、媒体等等。关于这场社会大变革，我们无法在这里全面地展开讨论。在这里我们只想强调一点：所有这些变化，归根到底最根本的是人自身的变化，是人们的观念的变革。

《共产党宣言》中对于未来的社会是这样描述的："代替那存在着阶级和阶级对立的资产阶级旧社会的，将是这样一个联合体，在那里，每个人的自由发展是一切人的自由发展的条件。"（见马克思、恩格斯《共产党宣言》，转引自陈新夏主编《马克思主义经典著作导读》，高等教育出版社，2013年，第82页。）按照我们的理解，这里所说的联合体，无疑将是一个分工合作得到有效实施的整体，一个和谐的复杂系统。因为，如果没有分工合作，人人都自己吃自己种的粮食，人类就不可能有今天如此高的生产效率和物质财富。在这样的理想境界里，分工合作将如何实现呢？我们不得而知。也许就是"各尽所能、按需分配"吧！显然这里仍然有分配的问题存在。就上述表述来理解，"每个人的自由发展"显然是对个体利益（包括他的意愿和精神需求）的充分尊重，而这恰恰是"一切人的自由发展的条件"，这不正是个体利益和整体利益的协调和一致吗？如何实现这样的理想境界，正是我们，今天的人们，应该研究和思考的。但是，从上述表述我们至少可以确认，把个体利益和整体利益绝对地对立起来，是不应该的，也不是不可避免的。从理念上打破个体利益和整体利益的绝对化的对立，是非常必要的。同时，即使在这样的理想境界中，除了具体的实现机制和许许多多其他事情之外，人是最基本的主体，经济、社会说到底都是关于人的事情。

那么，一个理想的、和谐的社会经济系统中，人的理念，以及人和人之间的相互关系究竟应该是怎样的？1884年，恩格斯写了《家庭、私有制和国家的起源》，在该书的末尾，他说："现在把摩尔根对文明时代的评断引在下面作一个结束。"（转引自陈新夏主编《马克思主义经典著作导读》，高等教育出版社，2013年，第354页。）

恩格斯引的是摩尔根《古代社会》中的一段话。这段话很长，不可能全文引用，有兴趣的读者可以查阅上面所说的陈新夏主编的《马克思主义经典著作导读》。但是，我们对于其中的一些论述深有同感，还是想择其要点和读者共享。

在这段话中，摩尔根首先对物质财富的巨大增长及其后果进行了分析。他说："财富的增长是如此巨大，它的形式是如此繁多，它的用途是如此广泛，为了所有者的利益而对它进行的管理又是如此巧妙，以致这种财富对人民说来已经变成了一种无法控制的力量。人类的智慧在自己的创造物面前感到迷茫和不知所措了。"多么贴切的描述啊！这是在说什么时候的事情？是一个半世纪前，还是今天？

摩尔根是乐观主义者，他坚信人类社会不会走向毁灭和崩溃。在后面的论述中，他描述了解决这个问题的一系列思路和途径，包括使社会利益和个人利益“处于一种公正而和谐的关系之中”等等。最后，他说：“管理上的民主，社会中的博爱，权利的平等，教育的普及，将揭开社会的下一个更高的阶段，经验、理智和科学正在不断地向这个阶段努力。这将是古代氏族的自由、平等和博爱的复活，但却是在更高形式上的复活。”

从这一段引文我们可以得到不少启发。首先，很值得欣慰的是，从一百三十年前的思考者们的讨论中，我们看到了几乎是同样的困惑和探索。可见这并非出于我们孤陋寡闻或者杞人忧天。人类确实面临着对于“自己的创造物”的困惑和失控。恩格斯和摩尔根所思考的问题，今天仍然存在，不同的是由于计算机和互联网的出现，这些问题更突出、更尖锐了。

其次，这种迷茫是人类文明进步长途中的过渡过程，人类一定有足够的智慧，去越过这样的迷茫，走向更高的文明阶段。如果说，恩格斯和摩尔根在一百三十年前就抱有这样的乐观态度，那么，今天我们还有什么理由悲观呢？这一百三十年中，人类经历了多少曲折，进行了多少不同规模的社会实验，付出了多少生命作为代价，积累了多少经验和教训。与此同时，人类的知识有了多么巨大的增长，从核能到DNA，从计算机到互联网，多少新技术在改变着人类的物质生活和精神生活。所有这一切，包括种种教训和曲折，都表明人类具备从困境中走出来的能力和智慧，哪怕这种困境在当时看起来简直是看不到出路。每逢处于这种“山重水复疑无路”的时候，历史总会以人们想象不到的方式，峰回路转，展示出“柳暗花明又一村”的全新局面。“文化大革命”的历程不就是一个绝好的例子吗？所以，对于人类文明的悲观估计是不对的，所谓“文明终结论”只不过是在“欧洲中心”的思想束缚中的片面感受而已。

还有一点值得指出的是，个体利益和整体利益的矛盾和协调正是问题的症结所在，这点摩尔根也已经明确地指出来了。从系统科学和复杂性研究的视角看，这正是缺乏系统理念、低估复杂性造成的。特别是对于复杂系统中的层次结构缺乏正确的理解，缺少指导层次之间的协调和管理的方法和机制。所以从根本上讲，人类需要系统科学，需要复杂性研究。领导者、组织者需要，所有的科学工作者也需要，社会公众也需要。我们相信，宣传和普及系统科学和复杂性研究的理念，将对于人类过渡到更高的文明阶段，发挥长远的、根本性的作用。我们确信，和谐的信息时代正在向我们走来。

结束语

对于经济科学研究方法的建议

本书从经济科学面临的现实挑战谈起，从复杂系统的视角考察了经济理论的若干基本议题，最后，又回到一些现实的热点议题，再次强调重视复杂性的必要性和紧迫性。作为非经济专业的业余爱好者，在经历了这样一次漫游后，我们最突出的感受就是：时代需要新的经济理论，时代呼唤新的经济理念。在本书即将完稿的时候，我们在中国信息经济学会的学术沙龙上，聆听了中国人民大学经济学院韩小明教授的报告："后工业时代经济理论的解构和重构"，给了我们很大的鼓舞，也给了我们很多启发。回过头来看这本书稿，确实只是入门者的读书笔记，许多议题只是提出了问题，远远没有深入下去，更谈不上给出科学的答案，或提出解决办法。

读者不难看出，自始至终贯穿全书的是这样的基本观点：信息时代需要新的经济科学的理念，而传统的经济理论囿于简单化、绝对化的思维框架，难以走出种种人为的两难悖论，所以无法适应时代的要求，脱离信息化进程的实际越来越远。除了其他的因素和环境条件之外，缺乏系统观念，忽视对复杂系统和复杂性的研究，是这种理论困境的认识论的根源所在。所以，出路在于：摆脱绝对化，超越简单化，承认和重视经济系统的复杂性；充分利用中国改革开放的大好时机和丰富素材，从实际出发，多视角、多维度地研究信息时代的种种新事物，在这样的基础上重构经济科学。

不久前去世的著名经济学家，诺贝尔经济学奖得主罗纳德·哈里·科斯在谈到经济科学的研究的时候，曾经讲过这样一段话："我相信经济增长的秘诀是分工，研究分工就必须考察真实世界。过去半个世纪以来，我一直在呼吁我的同行们从黑板经济学回到真实世界。不过没有什么效果，我的同行们似乎不大愿意听我的劝告。中国有那么多优秀的年轻人，那么多优秀的经济学者，哪怕只有一少部分人去关心真实世界，去研究分工和生产的制度结构，就一定会改变经济学。我始终对中国寄予厚望！"我们相信，中国的经济学家是不会辜负科斯的期望的。这里的关键正如科斯所指出的，"从黑板经济学回到真实世界"。

日前，读到学术前辈翁文灏先生在1925年的一篇演讲："为何研究科学，如何研究科学”。（见《科学与工业化——翁文灏文存》，中华书局，2009年，第23—29页。）这是他在南开大学科学馆开幕式上的演讲。在这篇九十年前的演讲中，他首先讨论了为何研究科学的问题，通俗易懂地论证了为认识真理和为实际应用两种目的的一致性。更使我们感兴趣的是文章的后半部分，他提出了对于如何研究科学的建议：第一步找问题，第二步找方法，第三步找材料。以这三点貌似平常的经验中，我们可以领会到作为中国近代科学的领军人物的翁先生的丰富经验和深思熟虑。问题要明确，即一定要清楚在自己的这个领域中，现在尚待解决的问题何在。翁先生在文章中批评了在教学中只讲现成结论，不讲待探索的问题的情况。在今天许多学校不还是这样吗？第三步是在实际中找材料。作为地质学家的翁先生身体力行，不辞辛苦，进行了大量的实地考察，扎扎实实地收集资料，以自己的行动做出了表率。这两方面都不必细说。我们特别关注的是第二点，找方法。他特别指出，如果现有的方法不行，就需要改进方法或创造新的方法。这对于我们来说尤其有启发。

回到经济科学的研究领域，本书前面的部分已经摆出了足够多的问题，而中国的丰富的实践也已经提供了取之不尽的材料，关键的问题就是方法了。这就是我们一再强调的系统科学和复杂性研究的思想方法。正如翁先生所建议的，我们今天的人们很需要按照这样的思路去探索。在这里我们就借用翁文灏先生的这三点作为全书的结论和建议。近百年前，作为科学救国、实业救国的代表人物，翁文灏和丁文江等一批前辈为中国进入现代社会做出了他们不可磨灭的贡献，至今为我们所敬仰。在即将进入信息时代的今天，我们这一代人担负着责无旁贷的、类似的历史责任。不同的是，我们今天有更为开阔的视野，更为方便的信息获取渠道，我们有计算机和互联网，还需要加上这些年来的丰富的历史经验（和教训），所以，我们应该也能够做得更多更好。

最后还要补充一点关于认识的相对性的说明。因为对于我们所提倡的复杂性研究的思路，经常受到这样的批评：你们说了半天，并没有给出新的方法和结论，无非都是一些常识而已。这种批评是有一定道理的。传统思维方式的问题就出在：由于绝对化和简单化，而偏离了常识。回归常识是需要的，但是借用摩尔根的话，是在新的水平上的回归。为了支持这样的理念，我们做两段引证。一段是前面已经引用过的列宁的话："客观事物的方面是无穷的，我们永远无法完全地把握它们，但是，要求全面性可以使我们避免僵化。"另一段是著名科学家薛定鄂在《自然与希腊》一书中所引用的德国教育改革的文件中的一段话。这段话如下：

"每个理工大学的教师都应该具备以下能力：

（1）看到他的学科的局限。在教学中让学生明白这些局限，告诉他们，超出那些界限，某些力量就会发生作用，它们不再是完全理性的，而是来自生命和人类社会本身。

（2）在每一门课程中，让学生学会突破学科的狭窄界限，开拓更广阔的视野，等等。"

以上引文见《自然与希腊》李泳的评注本，湖南科学技术出版社，2007年。原文在第119页，译文在第196页。据薛定鄂在书中的介绍，这是在第二次世界大战之后，20世纪四十年代后期德国（当时的西德）对于教育改革的文件中的一段文字。为什么在德意志民族经历了史无前例的浩劫之后，要对于自己的教育和教员提出这样的要求，这确实是引人深思的。

不必再做多余的解释了。这两段文字，就算我们对于某些事先就能够想到的质疑的回答吧！

后　记

本书的由来，直接的原因可以追溯到20年前。大约是1994年，我们的导师陈余年教授，从美国给我们捎回来一本书《Complexity》，当时还没有见到中文译本。（后来有几种译本，包括三联书店的版本，译名为《复杂》。）这本书对我们产生了深刻的影响。它不只使我们认识了圣菲研究所，而且引导我们进入了复杂性研究这个全新的领域。对于正在寻找新的思想方法的我们来说，真有一种豁然开朗的感觉。从那时开始，我们就逐渐形成了本书的基本观点：近代科学的绝对化、简单化的思维模式，是当今众多理论困境的根源所在，信息时代需要新的思维方法，复杂性研究应当成为21世纪科学的基础理念之一。在这方面，经济科学可以说是最典型的领域之一。无论是为了回答社会现实的紧迫议题，还是出于学科发展的长远需要，都很有必要从基本理念的角度，对于传统的经济理论进行梳理和思考。这本书就是由此开始的阅读和思考的结果。如同书的标题所明确指出的：从复杂系统的视角，对于经济理论的梳理和思考。

作为“文化大革命”前的数学系本科学生，我们受到的是典型的近代科学的思想熏陶。数学以它严密的逻辑和无可争议的确定性，深深地吸引着我们。当时在我们的心目中，简单、明确、确定是科学的当然的、无可争辩的意中之理。1978年，作为计算机应用的硕士生进入中国人民大学经济信息管理系的时候，我们在陈余年教授等导师的指引下，开始进入把现代信息技术应用于经济管理的新领域，即MIS（管理信息系统）和信息管理的领域。从数学转向计算机不算困难，但是转向经济管理则需要不同的理念。当我们在信息化建设的项目实施和政策研究中遇到越来越复杂的矛盾和权衡的时候，当人们质疑我们“信息有什么用”、“用了计算机产生多少效益”、“电子商务的营业额怎么计算”的时候，我们深深地感受到现实社会和经济系统的复杂；同时也感到传统的经济管理理论的脱离实际和空洞无力。实践告诉我们，需要探索适合现代信息社会思维和工作的方法。

为此，我们努力从各种渠道寻找新的思想和理念。例如，我们曾前往马神庙710所，旁听关于系统工程和系统科学的钱学森讨论班。钱学森教授的“定性与定量相结合的、人机结合的复杂开放巨系统”、许国志教授的多次讲话都给了我们不少启示和教益。更多的是在国际学术交流中受到的启发。其中最重要的有：西蒙关于人为事物的科学和决策科学的论述、霍兰关于复杂适应系统（CAS）的理论、史密斯的实验经济学圣菲研究所的多项研究、肯尼思·阿罗的社会选择理论等等。通过对这些学者的面对面的请教，以及对于他们的论著的研读，我们大大开阔了眼界，认识到我们以前所理解的科学，其实是有很大局限性的。反思我们自己的经历和工作体会，越发感到进一步解放思想的重要性和迫切性。

另一方面，随着现代信息技术应用的深入和扩展，信息管理的实践范围也越来越大。电子商务、电子政务、现代物流、移动商务陆续登场。面对如此丰富的社会实践，理论的贫乏和滞后越发凸显出来。我们感到，虽然已经退休了，还是有必要把我们这些年来的切身感受和学习体会记录下来，提供同行和后人参考。这就是本书的由来。

科学需要交流和实践，在这方面我们确实是很幸运的。在经过了"文化大革命"的思想禁锢和思考沉淀之后，我们有幸亲身经历了35年的改革开放。我们不仅亲身经历了这两个完全不同的历史时期，而且有机会参与各种实践，并且和国内外的众多学者、同行以及各种身份、各种职业的众多朋友进行深入的、没有禁区的广泛交流。除了上面已经提到的导师和前辈之外，特别需要提出的是在各种学术群体中受到的熏陶和启示。例如，在这20年中，在乌家培教授创建的中国信息经济学会中，我们得到的教益和启发是无法一一列举的。类似地，"信息社会50人论坛"、讨论经济管理类专业实验室建设的每年一次的交流会、李树芳教授领导的教育技术协作委员会等学术群体，也都给了我们许多帮助。更为亲切的是中国人民大学经济科学实验室的师生，包括博士生、硕士生和本科生，我们共同的科学研究和经常性的讨论在形成本书理念的过程中发挥了重要的作用。对于所有这些朋友们多年来给予我们的帮助和启发，在这里一并表示衷心的感谢。当然，在形成本书的过程中，商务印书馆的范海燕编辑的贡献是不能不提的。她对于我们的一再拖延给予了宽容和理解，并且帮助我们克服了原稿中的许多毛病，例如由于不同的写作时间所造成的不一致和不平衡。没有她的认真和专业精神，这本书的出版是不可能实现的。

关于本书还有一点要说明的。由于酝酿和撰写的时间拖得很长，所以，其中一些章节的内容和观点，曾经作为文章或发言，在不同的场合发表或介绍过，有的是刊登在杂志上的文章，有的是网上的发言，有的是回答记者的问题，还有的是已经出版的书籍的部分章节，例如，在中国信息经济学会的《中国经济向何处去》（中国社会科学出版社，2012年）中，在信息社会50人论坛的《边缘革命2.0》（上海远东出版社，2013年）和《信息经济》（上海远东出版社，2014年）中。观点，甚至一些段落的重复在所难免。由于时间和精力的种种约束，无法详细核对与具体说明。只得在这里一并致歉了。

如前所述，这本书只是一篇提出问题的读书笔记，对于科学的探索永远是“进行时”，永远是“在路上”。达尔文为了探索科学的真理，乘坐着贝格尔号巡洋舰进行了为期五年的环球航行。我们比他幸运多了。今天我们可以乘坐互联网这艘飞向宇宙深处的航船，怀着浮士德的激情和好奇心，循着屈原和但丁的足迹，上天入地，穷究底蕴。正像泰戈尔曾经说过的：“继续向前，不要停留，在前行的道路上，处处都会有鲜花开放。”让思想冲破牢笼，未来一定会更美好，这就是我们的理念和愿景。

作者

2014年11月10日

于北京